Stéphane Allix

史岱芬·艾力克斯 著

蕭筌 譯

死後生命的世界與終極驗證

測試

Le test

Une expérience inouïe : la preuve de l'après-vie ?

目錄

「沒有什麼比摯愛之人安詳離世
更能啟迪人心。」

——米奇卡（Michka）[1]

1 Michka Seeliger-Chatelain，一九四四年生於法國，大麻專家、航海家、編輯、作家。著迷於靈性和替代醫學的研究，有「大麻界貴婦」Grande Dame of cannabis美譽，作品有《醫用大麻》、《水耕適合您》、《賽斯的教誨》、《植物與薩滿教》、《調頻》、《八個意識循環》。

引言

父親去世時，我在他的棺木裡放了四樣物件。我沒告訴任何人，然後詢問了一些自稱能與亡者溝通的靈媒。

他們找得出這些物件嗎？

這就是測試。

我父親尚－皮耶・艾力克斯（Jean-Pierre Allix）於二〇一三年六月十六日去世，享年八十五歲。他是令人敬佩的父親，我愛他，現在仍愛著他。父親教我做一個把承諾和榮譽感視為最重要美德的人。鼓勵我要求自己如同我要求他人一樣，當一個自我要求嚴謹的人，並為自己的傳承感到自豪。要我保持好奇心，明辨是非，但也要學會聆聽，不要太急著下評論。父親以身作則，讓我見識到生命充滿了驚奇，而正是這驚奇的力量，無論年齡多大都能使我們免於絕望。他教我如何觀察、閱讀、理解和探尋，帶我認識了托爾斯泰、福樓拜和斯湯達爾，並灌輸我寫作的重要性，要言之有物，還要能帶來閱讀的**樂趣**。他說，

「一篇文章，就是一首音樂。」

當你們讀到接下來的內容，將更能理解為什麼我認為我父親不僅僅只是一個特殊實驗的簡單對象而已——我讓六位靈媒（兩位男性和四位女性）參與這個測試。父親是我的**隊友**，也是這本書中看不見但卻貫穿其中的關鍵人物，他時而艱難、時而激情地參與其中，偶爾甚至還帶了點幽默感。

在他生前，我們曾多次談論過死亡——二〇〇一年，在阿富汗的一場意外中，我失去一個弟弟，他失去一個兒子，死亡這個話題在家中經常被提起。我們父子倆討論過，假使在他去世後，一起進行這項研究會是多麼有趣啊。

葬禮那天，我獨自待在殯儀館的廳房裡，就在棺木蓋起來要密封前的幾分鐘，避開所有人的目光，我將四樣物件和一張字條放入棺木，藏在覆蓋他遺體的功德布下。從那一刻起，直到棺木蓋上，我一直待在旁邊，確保沒人看到藏在父親身旁的這些物品。因此我十分確信，直到今天為止，我是唯一知道在棺木裡藏有物品的人。

在二〇一三年六月二十二日這個星期六早晨，我將以下物件放在父親身旁：

——一支細長的畫筆；

——一條白色壓克力顏料；

——他的指南針；

——迪諾·布扎第（Dino Buzzati）的《韃靼荒漠》（Désert des Tartares）口袋版，這是他最喜愛的其中一本書；

——放入米色信封裡的小字條。

就在將物件放入棺木前，我細心謹慎地把它們一一拍下。接下來我對著父親說話，目光定在他身體上方的**空無之處**，而非他的大體。向他解釋我正在做什麼，而他的任務則是告訴靈媒這些物件是什麼。一年多後，我邀請了幾位靈媒來參與一個小實驗，但對於這個實驗的細節，我一直沒有說明得很具體……

科學與通靈

我們真的可以和亡者交談嗎？一些靈媒男女聲稱可以，甚至以此為業。其中有些人並不是江湖騙子。那麼他們是誰呢？這個測試的目的是考驗六位以嚴謹、誠信和擁有被認可的專業技能而聞名的靈媒。

在法國，能專業使用這種特殊能力**與另一個世界交流**的人數比我們想得到的還多。成千上萬的人諮詢過他們，但很少有人談論這些事情。通靈的挑戰是什麼？有調查依據嗎？這些能力是真的嗎？這是一種可以簡化為某種詐騙的社會現象嗎？某些靈媒是無意識的，或其實是完全有意識的欺騙？通靈是一種集體幻覺嗎？一種源於無法克服喪親之痛的人之自我說服嗎？還是說這是與另一個世界的真實交流？對於從事靈媒工作的人來說，這是一種天賦還是詛咒？是使命還是幻覺？透過這六次會談和你們即將一起參與的六場試驗，我會竭力以嚴謹和客觀的態度來回答所有的問題。

靈媒聲稱亡者就在他們身邊——他們能看見、感覺到並與之交談——他們獲得資訊，就只是因為亡者在他們的耳邊低語！經過分析後你們會發現，有資料顯示這個觀點是可能的：我們的人格特質或自我意識在肉體死亡後，會以某種形式繼續存活，而能與靈媒進行交流。

死後仍存在著某種生命型態，在今天是一個合理的假設。而對通靈現象的科學研究，讓這個假設得以證實。

靈媒是能與一位或與多位亡者連結來獲取資訊的人，有時這些資訊甚至是與對方極為私密的。生平第一次見面，靈媒竟然就能獲取這些資訊，令人感到不可思議！事實上，這是通靈現象中最神祕的一點，因為直到今天，還沒有任何**傳統科學的**解釋足以證實這樣的事情怎麼可能發生。

當靈媒面對一個不認識的個案，通常都是第一次見面，就能提供相當多的具體事實，並聲稱這些訊息是來自往生者。問題是：這些訊息從哪裡來？關於靈媒主題的研究已持續了幾十年，尤其是心理學家蓋瑞・史瓦茲（Gary E. Schwartz）[1]或最近幾年的風橋研究所（Windbridge Institute）的茱莉・貝希爾博士（Julie Beischel）[2]進行的研究。這些研究的重點主要在分析，在條件嚴格控制的狀況下，靈媒能接收到哪些性質的訊息。

要取得陌生人的資訊，傳統上最可能的主要手段是詐欺或是設騙局，也就是，靈媒事先取得了目標對象或是往生者的相關資訊。茱莉・貝希爾博士解釋，她的研究方案排除了這種可能性，在整個實驗期間，靈媒只知道亡者的名字，無法獲得以外的資訊。她說明還有另一種常見的手段，也就是冷讀術，指靈媒從個案身上察覺到的視覺或聽覺線索來提供與個案相關的訊息，所謂的「讀心術」。為了防範這種情況，在茱莉・貝希爾進行的實驗中，扮演個案角色的人實際上不會與靈媒在同一個房間內，而主持實驗進行的人對於受試者或潛藏的亡者也一無所知。最後一種可能的解釋則是：靈媒提供的訊息過於籠統，適用於所有人。為了排除這種可能性，茱莉・貝希爾會要求靈媒回答有關亡者的四個具體問題：外

1 蓋瑞・史瓦茲（Gary E. Schwartz），一九四四年生於美國紐約。心理學家、作家、超心理學家、亞利桑那大學教授及其意識與健康進展實驗室（Laboratory for Advances in Consciousness and Health）主任。著有《靈魂實驗》（The Afterlife Experiments）等多部作品。

2 茱莉・貝希爾（Julie Beischel），美國亞利桑那大學藥理學和毒理學博士，輔修微生物學和免疫學。風橋研究中心共同創辦人，致力於以嚴謹的科學研究，並和醫護人員、科學家、靈媒等不同領域專業人士分享成果，以幫助人們在臨終、死亡和其後減輕痛苦。著有《靈媒之間：科學家的尋解之旅》（Among Mediums. A Scientist's Quest for Answers）。

貌描述、性格、嗜好或喜歡的活動，以及死因。

經過大量連續的實驗所獲得的結果，得以明確地排除傳統上的解釋，比如詐欺、引導性提問或是暗示。藉由這些嚴謹的條件設定，像茱莉·貝希爾和蓋瑞·史瓦茲這樣的研究者就能排除過去所有傳統的解釋。

那麼，靈媒是如何獲得他們本來一無所知的生者和亡者的資訊呢？面對這兩種假設，研究者解釋所獲得的結果：靈媒可能真的與亡者交流，或者是出於一種心靈感應，而心靈感應此一解釋本身就已經相當超自然。第二個假設是指，靈媒能夠**讀懂**前來諮詢者的心思，他不是透過與亡靈對話，而是從面前這位知道這些資訊的人腦中來**截取**訊息。

儘管如此，這種形式的心靈感應看來是一種被動行為：在這種情況下，靈媒接收到的是畫面、**稍縱即逝的影像**，但在與亡者交流時，靈媒談的是真正的互動對話。更有甚者，在許多情況下，靈媒所提供的訊息是當事人作為個案參與實驗時並不知情的。正如蓋瑞·史瓦茲指出的：「我們常常會接收到當事人認識但未曾預期會出現的人。有時候，我們還會接收到當事人認為是錯誤的資訊、或是他們不知道的資訊，但後來卻被證實為真。」

心靈感應這一點讓人深感困惑，因為如果靈媒是透過心靈感應的瞬間感知來獲取資訊，那麼接收到的資訊應該不會與諮詢者的既有認知相矛盾。此外，正如茱莉·貝希爾所強調的，心靈感應本來就是許多靈媒日常實踐的一部分。他們表示，自己能夠清楚區分心靈感應和與亡者的溝通，因為這兩者帶來的感受截然不同。而且，他們是從童年起就已經歷過這種區別。接下來，我們將進一步探討這個現象。

因此，用茱莉．貝希爾的話來說，對通靈能力的科學研究得出的結論是：「接收到異常的訊息是事實，但我們無法確定它來自何處。有研究資料支持意識存續的觀點，死後仍然存在著某種生命型態。我們某部分的人格特質或某部分的自我意識，在肉體死亡後，仍能以某種形式存在，並且能與靈媒溝通。研究資料也支持了其他與意識存續無關的假設：透視能力、心靈感應或預知能力可能讓靈媒獲取資訊，而不一定要透過與亡者溝通。然而，自從我們開始研究靈媒的經驗現象後，我們現在傾向於認為，死後意識存續的觀點是最受研究資料支持的解釋。」

依據所有這些研究，以及我自己近年來所做的研究[3]，在我看來，死後仍然存在某種生命型態，這不僅僅只是個有力的假設而已。十多年來，我持續在世界各地訪查，並見了與死者有過驚人的接觸經歷的研究人員、醫生、男男女女和小孩。多年來我與靈媒一起工

3 作者有多本研究死後現象的書籍，也參與企畫相關議題的影片。《死亡不是異鄉》（*La mort n'est pas une terre étrangère*, 2011）、《超自然的調查》（Enquêtes extraordinaires）第一季和第二季，《來生的跡象》（Les Signes de l'au-delà）和《他們與亡者交流》（Ils communiquent avec les morts）。

作、互動交流，在這段時間裡，我一直保有嚴謹和客觀的記者角色。而正是這種立場，讓我今天體認到一個顯而易見的事實：死亡並不是生命的終點。

此外，我希望透過本書為這場辯論貢獻一份力量，也就是你們即將在後面讀到的無可爭辯的結果。但除了想**證明生命在**死亡後仍然延續之外，我還希望能探索這種跨越兩個世界之間的交流是如何建立的。**生者與亡者之間，究竟如何聯繫**。我孜孜不倦地詢問靈媒：當我們的肉體化為塵土後，我們會變成什麼？死後我們的個體意識會發生什麼變化？我現在確信，我們會繼續存在，我要再次強調這一點。但會變成什麼？是與我們生前一模一樣的人嗎？還是我們的個體性格會有所轉變？去世後的最初幾週我們會經歷什麼事？我們會去哪裡？會遇見誰？

我父親在去世後變成了什麼樣的存在，與我交流的那個人是誰？

邀請你們來看看這些我經旬累月研究後所理解的事情，令人嘆為觀止啊！接下來的六個章節，每章都專門介紹一位靈媒，並完整呈現與她或他的測試會談。過去我從未在訪談中走得這麼深入。這些訪談為生命的終結、死亡、來生以及與亡者交流，帶來前所未有的見識。在最後一章，專門研究臨終關懷的精神科醫師克里斯多夫・富黑（Christophe Fauré）提到哀悼歷程的特點，並提供我們關於死亡和通靈的貼心建議。

寫這本書改變了我的生命。或許它也會改變你的。

亨利（Henry）

對這次會面我感到非常不安。我認識亨利．維紐（Henry Vignaud）好幾年了，我們之間有真正的友誼。第一次見到他是在二〇〇六年十一月，那時我帶著五年前在阿富汗去世的弟弟托馬（Thomas）照片來測試他。這場第一次會談的結果令人印象深刻[1]。亨利對我一無所知，但毫無疑問的是，那天他與我弟交流了。

然而，我心中滿是疑問。從他接待我的小公寓走出來時，我內心充滿了驚訝和抗拒。驚訝的是，亨利提供了很多極為精確而詳盡的細節，關於我弟的生活、個性、和他特殊的死亡情況，等等。客觀來說，這些細節應當只能來自一個人：我弟本人，但他五年前即已去世！令人抗拒的是，因為事實逼我面對——我弟**在過世後**與我交談——而我的心還沒準備好接受他的離去。

這種抗拒的心態如此頑固，它緊緊抓住任何一絲可疑，不放過任何一丁點機會。比如，

1《死亡不是異鄉》（*La mort n'est pas une terre étrangère*），史岱芬．艾力克斯（Stéphane Allix）著，同前所引。

在二〇〇六年十一月那天，我困惑的是，亨利從未說出我弟叫托馬。他精確描述托馬在一場車禍中的死因，頭部受傷以及事發地點，但卻沒有說出他的名字。這似乎很矛盾。為什麼亨利聲稱我弟和我們一起在房間裡，卻不直接對我說：「嘿，對了，告訴他我叫托馬」？這令我難以理解、覺得不合邏輯，而無法說出名字，這一簡單的事實就削弱了其他那些完全無法解釋的可信性：亨利提供很多**其他準確的訊息**。

後來我找到導致這種看似矛盾的原因。這也是我非常想和那些接受我提議接受測試的六位靈媒一起探討的問題之一。簡而言之——這一點非常重要，我們會在書中常常提到——靈媒用來**感知**亡者的話語、圖像和各種資訊的大腦部位，與負責**口頭傳達**訊息給前來諮詢的活著的世人，所動用到的大腦部位並不相同。幾年前，茱莉・貝希爾博士在亞利桑那州圖森市（Tucson）接受我訪談時向我解釋過這一點：「姓名和日期對許多靈媒來說是個問題。我認為這是因為這些資訊取決於左腦。名字是一種標籤，而數字和標籤是由大腦的左半球處理。我們認為通靈能力主要是透過右腦進行的。因而在正常情況下，由左腦進行篩選的資料就更難以感知和解釋。」我們可以比較一下這種情況和剛醒來的頭幾秒鐘。在那一刻，你腦海中可能還留存剛剛做的最後一個夢。它就在那裡，你能感覺到它夾帶的力量和喚起的感受，而這個記憶就刻在你心底。但當你在床上動一下，甚至還沒起床，它就消散了。當你試圖把它寫下來或告訴身旁的伴侶時，奇怪的是你所使用的詞語會**破壞**部分的夢境。透過講述或書寫下來，你把它簡化為話語。經由重新組合，它幾乎變成了另一件事。事實上，你剛剛從做夢的右腦切換到試圖描述夢境的左腦。這樣就「卡住」了。然而，你仍保有一些夢境片段的模糊感覺：還有更多的……有一點你想不起來……這顏色是……怎麼說呢？沒辦法，不管再怎麼努力，還是找不到合適的字眼。你有過這樣的經歷嗎？對靈媒來說，正如我們即將了解的那樣，有點雷同：在通靈時，他必須同時留在夢境那個精微的空間裡，他與亡者有轉瞬即逝的感知，並用話語轉述給你。有能力在不影響感知的情況下，不斷地來回切換左腦和右腦，就是成為一個厲害的靈媒之祕密。

當我在巴黎開車前往亨利所住的區域時，思索著我們的友誼會如何影響這次的會面。我們之間的相互信任會讓他在測試中比較沒有壓力嗎？亦或相反，這次實驗的挑戰會讓他無法發揮嗎？壓力是當個體必須連結到精微感知時的一個重要因素——因為就定義上來說，這些感知是精微而稍縱即逝的。我們可以假設這些微妙的感知與直覺或第六感有關，會立即受到任何一絲情緒的影響。而壓力、擔心無法成功的恐懼，是一種巨大的情緒。所有參與這次測試的靈媒都無法擺脫而受到這種巨大情緒所影響。

儘管我們相識已久，但亨利從未見過我父親，假設他在一年多前得知我父親的死訊，除此之外他對父親一無所知。不清楚他去世的情況，更不可能知道我在殯儀館密封棺木時計畫的祕密實驗。但奇怪的是，亨利從未提到他要連結我父親，然而，你會看到，確實是他來了……

如往常一樣，我早早出發，因為擔心找不到停車位。我正前往義大利廣場（la place d'Italie）北邊的巴黎第十三區。跟平常一樣，我很快找到停車位，只要走幾分鐘就到亨利家。我等不及了。在等待赴約的時間，我坐在駕駛座，開暖氣讓自己保持溫暖，正如這幾天我一直做的那樣，我乘機大聲向我父親以及家族所有其他已故的人講話，他們可能在看不見的世界裡會聽到我的聲音。我尋求他們的幫助，幫助這本書。幫助爸爸，讓他能告訴亨利，我在他的棺木裡放了什麼東西。在車裡大聲說話時，我突然想到，其中一件物件——迪諾·布扎第的《韃靼荒漠》——即使爸爸告訴他，靈媒也幾乎不可能**抓得到**這個書名，因為光要捕捉一個簡單的人名就已經相當困難了。六個靈媒中是否有一個能夠提到這本小說？雖然其他物件看起來較為簡單，但這本書呢？我當時還完全無法想像等等在一個多小時後的會談裡會發生的事情：當我父親**找到**解決辦法時，即將出現一件奇特的共時性……

我走進一間窗簾緊閉的公寓。亨利跟往常一樣微笑著，充滿喜悅。即使生活中遇到什麼困難，他給人的印象總是開心的。他看起來氣色很好，並示意請我進入客廳，那是他用來做諮詢的地方。這是個簡單的房間，裡面有一張斜靠牆角的小桌子，夾雜一股菸味。我立刻感覺到他這時也有些不安。他告訴我，他已經很久沒有做諮詢了。他因為家裡的事和支氣管炎嚴重感染而休息數週，而跟我碰面是他休養後的第一場通靈會談。哎呀！如果靈媒有一段時間休息不工作的話，那他的通靈能力會退化嗎？

天色已暗，但他還是關上了護窗板，使房間陷入昏暗中。亨利喜歡在暗處工作。一開始，我沒有給他任何提示或照片，就是想看看有誰會自然而然地現身。哪些亡者會出現在我身邊，他們想要表達什麼？

亨利坐在他那張小桌子後面，桌上堆滿了各種紙張、虔誠的圖像、一個代表畢奧神父（Padre Pio）的金色小聖像和一個菸灰缸，他用雙手捂住臉來清空思緒。我坐在他對面，專心地靜靜等待。時間在寂靜中流逝，只有偶爾幾次咳嗽聲劃破這份靜默。對抽菸的人來說，加上支氣管炎真是雪上加霜啊。我暗忖，他這樣咳嗽是要怎麼集中精神。接下來的事情就慢慢發生了。

「你常常點蠟燭嗎？」他問我。

他問這個問題讓我覺得好笑，因為就在當天早上，來赴約前，我點了一根蠟燭——這是我平常從不會做的事。對著燭光，我跟爸爸說話。不過對我的妻子娜塔莎（Natacha）來說，點蠟燭並為親人默默祈禱，幾乎是她每天都會做的事。

「我沒有，但娜塔莎常常點蠟燭。」

「不管是你或娜塔莎來做，心意都是一樣的。能常為一些亡者點蠟燭，代表心靈上的感謝。」

「其實，今天早上我來之前剛剛點了蠟燭……」

「有人在感謝這道燭光……我看到這個畫面好一會兒了，甚至剛剛開始會談之前我就看到了。」

這段開場白之後，我們倆再度陷入沉默。亨利集中注意力，雙手掩面。

「我隱約感覺到一張亡者的臉龐，他留著鬍鬚，有點像山羊鬍，就像在某個年代很多人留的那種鬍鬚……」

「這沒讓我想起什麼。」

說到這裡時，亨利提起一個遙遠的年代，我突然聯想到曾祖父喬治（Georges），他留著山羊鬍和八字鬍。但我沒有說什麼，因為亨利說的過於含糊其辭，話裡沒有更多的細節。時間又流逝過去了。

「保羅（Paul）或尚－保羅（Jean-Paul），這個名字讓你想起什麼嗎？」

「有。」

「是保羅還是尚－保羅？我聽到的是保羅，但也可能是尚－保羅。」

「是保羅。」

「去世了嗎？因為他在那邊……」

「對，他過世了。」

「他試圖給我看一些儀器，看起來像是外科手術用的器具、手術室裡的設備，對，就是這樣。這個人可能接受過手術治療，或者這次手術對他登出地球有影響……總之，他在過世前動了手術……這是一場必要的手術，但手術後他就過世了。你聯想到什麼嗎？」

對我祖母莉絲（Lise）來說，她人生中最痛苦的其中一件事就是她哥哥保羅的往生。事實上，保羅在一九一五年二月十八日失蹤，當時他三十一歲，就在香檳－阿登（Champagne-Ardenne）區的波賽裘（Beauséjour）小村莊發生的激烈戰役中失蹤。這個馬恩省地區的村莊全都被徹底摧毀，但唯獨波賽裘這個小村莊從未被重建。保羅的失蹤事件從那時起一直是我家族中難以抹滅的記憶。

一個人在戰場上怎麼會**失蹤**呢？我不敢想像這意味著什麼。我們對他死亡的具體狀況一無所知。失蹤意味著我們找不到他的遺體，因此他受傷、動過手術並在手術中過世的可能性很小。那麼為什麼他會被列為失蹤呢？由於此事有太多狀況未明，我簡單帶過，沒有向亨利詳細托出這一切。他繼續往下說，事情變得更令人不安。

「這個人在這裡，我看到了。他好像有胃痛。你知道嗎？」

「我不知道。你說保羅嗎？」

「我覺得是……哦不，等等。是另外一個人有嚴重的胃部問題而且動過手術。這位不是保羅……」

似乎有好幾個人同時出現，造成亨利捕捉到的訊息有所重疊。我對這位保羅的出現感到震驚，因為他在我們家族中的失蹤事件讓我祖母深受打擊，但更令我震驚的是，他提到一個有腹痛問題並因手術而去世的男人。因為這正是我父親所受的苦！

他的胃有問題，腹腔積水，就是他的腹部腫脹得很厲害，充滿了水。在他生命的最後幾個月裡，他在醫院接受過幾次穿刺手術。醫生用一種大針頭從他的腹部抽出好幾公升的水。在他去世的前一天，最後一次的穿刺手術使他原本就極度虛弱的身體徹底崩潰，接著他陷入昏迷，並在隔日去世。這個與保羅一同出現的男人，「腹部有嚴重問題」，並在「去世前動了手術」，這次手術「對他登出地球有影響」……這正是我父親！而保羅是他舅舅。

此外，亨利又給我保羅的另一個新資訊，這也很不尋常。

「保羅在去世前非常悲傷，我看到他眼睛閃爍著淚光……出現一個字母F……是名字，還是姓氏？」

他因為要離世而感到悲傷，聽起來沒什麼特別的，但出現了F字母！保羅的姓是拉菲特（Lafitte）。難道是我把這些線索串連得太快？但這幾個元素一個接一個都精確吻合：保羅F，對應他的全名Paul Lafitte，這個在腹腔穿刺手術後離世的男人，正是發生在我父親身上的事情，他是保羅的外甥。我沒有說話，將這一切暫放在心裡。

通靈會談持續進行，再度伴隨著一陣靜默。我沒有給予亨利任何指引，感覺他捕捉到了很多稍縱即逝的畫面：例如，他看到我小時候快速地爬樓梯，事實上當我還是個孩子時，我們住在巴黎蓋呂薩克街（rue Gay-Lussac）的一棟五層樓公寓，我總是跑著上樓。他還相當準確地描述我當時的個性。我請他把所有浮現在腦海中的畫面都說出來，卻沒有給他任何具體的提示。

「你家有一顆手槍或步槍的子彈嗎？」他突然問我。

「有。」

「因為有人用手指著這顆子彈給我看，但我不知道為什麼……」

我家裡確實有幾顆從阿富汗旅行帶回來的ＡＫ步槍子彈，我把子彈裡的火藥清空了。但這和現在有什麼關係呢？我感覺得到，亡者那邊有些騷動：他們試圖傳達一些讓我可以聯想到什麼的訊息，這些訊息跟我家族裡不同的時期，或不同的成員有關，但這些訊息來得有點混亂且失序。如果我幫助亨利，也許可以讓他更專注於另一邊世界的某個特定亡者或特定元素，但我更希望先觀察在沒有特意針對某個亡者的情況下，靈媒會捕捉到什麼樣的訊息。

這就是通靈時特別的地方，而它有時可能是靈媒假裝與亡者交流的一種手段，而實際上他只是說出一堆讓人不明不白的老套說詞：是我們自己給那些原本無意義的事物賦加了意義。我很留意這一點，儘管我這樣做能保持必要的客觀性，同時也清楚意識到我的沉默讓亨利的任務變得更加困難。然而，我確信那個腹部有問題的男人就是我父親，我也意識到，由於沒有得到我的確認，亨利沒有「抓住」這個靈魂，也就沒有聚焦於此，而是讓他的思緒繼續在精微的世界中遊蕩。

「在你家裡，以前哪時候，有人養過蛇嗎？奇怪……」

「有，是我。」

我非常喜愛這些動物，曾經在生態箱裡養過一條蛇，還有在二〇〇一年四月去世的我弟托馬，他同是蛇的鐵粉，並在他的房間裡也養過好幾條蛇。

「是你嗎？我看到一條蛇在我面前移動……你養過一條蛇？」亨利驚訝地說道。

「對，我弟也養過。」

「啊……奇怪了，我看到這條蛇在我面前，牠在桌上爬行……」

養蛇這一點得到了證實，讓亨利沒有陷入膠著，他確實捕捉到了一些東西。我們需要想像他正在觀察有點模糊的一群人——對我來說是一群隱形的人——而這群人同時發出信號給他。我父親就在這群人當中，看來只要我們在這種盲測的狀況，他就無法在眾多的靈體中脫穎而出，引起亨利更多的注意。是的，亨利在他的**靈魂之眼**前看到一群模糊的靈體。我保持緘默，這確實讓他的任務變得更為困難。

我們是朋友，他了解我的過去，因此亨利曾經多次以驚人的精確性捕捉到我弟的亡靈。因此，對他的能力我毫不懷疑。儘管如此，這次的諮詢讓他感到有些不安，可能使他無法完全放鬆。此外，由於他知道我弟去世的細節，我覺得即使他在這群靈體裡感知到托馬，他會以某種方式自我審查而不告訴我。

讓我們進入第二個階段，我不希望他在這種盲測中耗費精力，而沒有再次給他機會展現能力。我拿出父親的照片放在桌上，但沒有告訴他照片中的人是誰。我立刻注意到這張照片的出現所引發的效果——亨利只看了照片兩秒鐘，就把它拿起來放在額頭上，閉著眼睛。就好像在這股強大而混亂的無形力量中，照片中的那個男人，從通靈一開始就跟其他靈體出現在我們周圍，他突然與亨利瞬間形成一個連結。這個直接連結能擺脫四周其他亡者所引發的任何干擾。這些一個個獨特的生命體，帶著他們自己的需求、畫面和感覺……

我父親能更清楚表達自己的意思嗎？能向亨利說出我所期待的事情嗎？

人是如何成為靈媒的？當有人問亨利這個問題時，他總會談起他最早的記憶。七歲時他第一次在家裡的房間裡看到有人上吊。他是家中唯一能看到這一幕的人。從他的房間裡，他很清楚地看到一個人的身影，被一條繩子吊著。隨著這幅幻象出現得越來越頻繁，他父母越是感到非常困惑（直到很久以後，他們才驚訝地發現，前房東就是在亨利所見的確切地點上吊自殺的）。

多年來，亨利一直有著這樣的幻象，直到他們搬家為止。當有人請他描述幻象時，他更像是在描述一個靜止的畫面，而不是某種活生生會動的東西。很久以後，他才發現那並不是個鬼魂，而是發生在那間房子裡的一段記憶。就如同一段錄音，一部永無止境重播的影片。為什麼他會捕捉到這些幻象？他自己也不知道，但他解釋說，像這個人這樣悲慘的死亡，通常伴隨著強烈的痛苦，可能正是這種痛苦在這個地方留下了印記。對當時還是小孩的他來說，那個人的印記真實地存在：一個男人，垂著頭，吊在繩子上。儘管這個幻象常常出現，但幸運的是他並不是每天都看到。每當出現這種現象，他會把自己藏在棉被裡，但還是透過床單上的小洞往外偷看。一開始他很害怕。但隨著時間的推移，某種程度上他已習以為常，儘管很難說有人能真正適應這種情況。

繼這個神祕而沉默的上吊者之後，逐漸出現了更**生動**的幻象。隨著歲月的流逝，各種無法解釋的現象越來越多。亨利感覺到有些東西在靠近他，出現在他的房間裡。他提到煙霧的捲曲形狀，以及那些有點具象化的陌生臉孔。這些臉突然出現在他眼前，有時會出現在一個與他們生活有關的場景或風景中。與上吊者不同，亨利當時感覺他們還活著，並給他看他們生活中的場景。他並沒有特別聽到聲音，但感覺自己似乎成了某種能吸引這些生命體的磁鐵。

儘管當時年紀小，亨利告訴自己這些是靈體，是來找他的人。事後回想，現在他認為這些靈體是刻意出現的，就是為了幫助他在這種靈界意識的覺醒。因為從亨利出生，他就表現出某種形式的敏感度，這種特質在他童年時的內心打開了一扇通往未知維度的門。

他將那幾年視為一種意識上的準備。這是一種被操控和刻意安排的準備，因為來找的人根本不是他家族的靈體，他們帶著具體的要求而以某種寄生形式出現。不僅如此，亨利接觸到的是完全不認識的靈體，個個都似乎懷有特定的目的而來。

他很幸運，一開始就能自在地和他的姐妹、母親談論這些事，後來還能和其他親友聊聊，甚至與學校的朋友分享。儘管不同的人對這種現象的反應不一，在面對別人的眼光和評判之前，他所經歷的一切對他來說都顯得很正常，因為他以為每個人都能看到他所看到的東西。但生平第一次的嘲笑和酸言酸語讓他開始懷疑自己是否有哪裡不對勁。然而，儘管這些批評有時失了分寸，亨利在內心深處仍感覺自己所經歷到的是真實事件。他是一個心理平衡、精神正常的孩子。

雖然起初這些經歷有時讓他感到害怕，但他認為自己從未有過被攻擊的感覺。他漸漸地熟悉了這些其他維度的存在。這種事實自然而然地發生在他身上，在他所居住的偏遠寧靜小村莊中，那裡沒有任何關於這些話題的書籍可供閱讀。至於電視，根本就不會談論這些東西。比起恐懼或懷疑，對他來說更困難的是無法獲得這方面相關的任何資訊。他經歷這些現象卻不知道是怎麼回事。唯一確定的是：這些是活生生、真實發生過的。

亨利進入青春期時，有時會經歷非常緊張的時刻。這些經歷可能每天都發生，甚至每晚發生好幾次，但有時也可能間隔十五天，甚至三個星期，中間什麼事也沒有。到了青春期，他腦海裡時不時浮現一閃而過的片面影像。他能捕捉到一個事件，某些事情，而這些事情能得到眼前那人的確認——比如那個人的家人，或學校的朋友。他還能預知即將發生的事。在學校，人們開始叫他「巫師」。此外，明白到只有自己經歷這樣的事情，並沒有讓他因此懷疑自己感知的真實性。他不再自我詰問，是否是自己的想像力在作祟。不可能，因這一切都太強烈、太真實、太生動了。後來他父母終於發現，確實有個人在他們的房子裡上吊，就在亨利看到的那個地方，這讓他確信了自己的感覺並非來自於想像力。

亨利非常友善地提及這些幻象如何塑造他。他對這些現象的直覺理解以及這些現象影響他的靈性覺悟，使他變得越來越有自信：**有種外在的意志在影響他**。

亨利在整個童年時期都抱持著某種確信。他知道這些幻象為他打開另一個維度，但真正的入門始於他青少年時期靈魂出竅的經歷。事實上，從十六歲起，他就開始有**靈魂出竅**的初體驗。

就像亨利至今仍在經歷的許多超自然現象一樣，這些新的經歷發生在他睡前幾分鐘。

他記得，最初幾次下半身升了起來——不是他實質的腿，而是**另一個身體**——，而上半身卻沒有動。其他幾次則是上半身升起，準備離開，但下半身一動也不動。他當時想要脫離他的身體，感覺有股能量在湧動，意識到有什麼事情正在發生，然而最終什麼事情都沒有。這種情況持續了好幾個月，直到有一天，他突然發現自己四腳趴在床邊。他沒有覺得驚訝，直到他發現自己的身體其實躺在床上，是「**它**」四腳趴在床邊。這下驚訝之餘，他害怕起來，隨即回到自己的身體裡。另一次，他看到自己坐在床沿，當他起身想開燈時，手卻穿過開關和牆壁。這是他的星光體起身，而他自己卻渾然不覺。當**它**轉身時，他看到自己的肉身，感到一種奇怪的感覺。他再度被恐懼壓倒。

他花了整整幾個月的時間，才慢慢熟悉這些經歷。這並非出於他的意願——他並未刻意嘗試靈魂出竅——這些經歷就這麼發生了。自小以來，他就隱約覺得自己在接受某種訓練。當他經過無數次嘗試，逐漸學會控制恐懼時，他發現，每當這種體驗開始，身體出現特定的感覺時，就會**有人**呼喚他。一個神祕的聲音對他低語：「過來。」那是他的指導靈——只是他很久以後才明白。

在感受過一股美好的靈性保護力量後，他安心地讓自己**離開**自己的身體。依隨一個善意的聲音引導，他不久就頻繁地開啟靈魂出竅的旅程——而他的身體在這段期間則乖乖地躺在床上。儘管他的靈魂出竅越來越頻繁，但亨利始終不知道要去哪個特定的地方——好比說，去看他母親。他發現自己脫離身體時，他的意志就會受到阻礙，而**指導靈**會給他看一些東西。

難道這是夢，因為這些經歷都是他躺在床上時發生的？事實上，大多數時候他確實是躺著的，但這些經歷既清晰又強烈，讓他毫不懷疑其真實性：這與夢無關。即便這些經歷尚未在光天化日下發生過，但「這不是夢」的信念早已深植在他心裡。就像在成年後，有一次他在超市裡靈魂出竅。

那一次，他和朋友一起去購物，其中包括靈媒妮可・勒潘斯（Nicole Leprince）。當亨利推著購物車穿過貨架，物色做一頓美味晚餐的食材時，突然間開始感到非常奇怪，真的覺得很奇怪。他停步，好更專注於自己的感知上。他捕捉到了他所處位置的某種能量，或是附近某個人的能量，甚至是某個靈體的能量。剛進入成年的他，已經習慣了這類自然而然的感知；但他還沒辦法去形容，應該是一種圍繞著他的能量——總之，那天他離開了自己的肉身，被抬升到高處，他在貨架上方，從新的視角觀察人們忙於購物，他的朋友，還有……一些有點成形的半透明身影，他意識到這些是穿梭在人群中的靈體。

在這段期間，他的肉身僵硬地站立著，雙手擱放在購物車上，心不在焉（就字面意義或引申意義上），如同人們陷入沉思時那樣。此時此刻，亨利既實質地在場，也同時在另一個現實中，從上方觀察著一切。他朋友妮可看懂了，於是抓住他的手臂說：「亨利，回到我們身邊……」亨利察覺到周圍一片喧鬧，但他聽到朋友的呼喚。於是她輕輕地把他帶回來了。

這次靈魂出竅的經歷很可能是偶然的，因為與其他過往經驗有所不同。即使在這家商店裡的離體經歷對他是一次非常具有啟發性的經驗，但這次好像不是**刻意為之**。那天，他**親身**意識到我們無時無刻不被靈體環繞。當時的亨利對此只有一種抽象的認識，但親眼目睹我們被亡者的靈魂包圍，規模之大讓他驚訝不已，他完全沒有料到事情會發展到這種地步。他不知道這些出現在超市的往生者是否是購物者的已故親友。後來他發現，有時靈魂會影響活著的世人的生活環境，或是某個場所。有些人會吸引某些特定的能量，甚至是寄生的靈魂。作為靈媒的他，有時也會感覺自己的能量被某個亡者消耗殆盡。

亨利說這次在超市的靈魂出竅是個意外事件，與他從小經歷的大多數離體經歷不同。他現在深信不疑，因為「**有人**」來向他證實了這一點。

整個童年時期，他人的眼光，讓亨利漸漸感覺到自己的與眾不同，儘管一開始他認為眼前所見都很正常。慢慢地，他意識到自己有能力看見別人看不到的東西。他曾遇過一些具有獨立生命的力量和實體。然而到了青春期，當他經歷靈魂出竅時，他開始聽到一個自稱是他的指導靈的聲音，並與他一起進入學習的新階段。

這種時候，所有的恐懼都會消失，他知道自己受到保護。當他的指導靈對他說：「來吧」，他無法抗拒，完全沒有辦法。直到現在他都很難解釋這種感受。是因為那個聲音讓人安心嗎？一種占有他整個身體的聲音，讓他籠罩在一種無法言喻的平靜裡。彷彿他們的靈魂認識彼此，而這位指導靈是他本來就熟悉的生命體。一旦跟祂一起離開，亨利知道自己不會身陷危險，即使祂很難說出自己要去**哪裡**。祂並不是真的要到**某個地方**，也就是說，不是去一個遙遠的地方，而是要進入光的境界，在那裡，是為了讓亨利直接察覺某些明確的事物。例如有一次，這位指導靈讓亨利看到一個剛剛去世的人，一個他不認識的人。他的指導靈希望亨利觀察圍繞這個人周遭的靈體。他看到亡者，還有一些在他身邊的靈體，光的生命體——他不太知道該如何稱呼它們。那天，他的指導靈讓他明白，這位亡者其實並不知道自己已經去世，就如同經常發生的那樣，事實上，往生者才剛剛開始意識到自己的離世。

我驚訝地得知，這位在亨利生活中這麼重要的指導靈，他卻只見過祂一次，就只一次而已。每次在他們的「**靈魂之旅**」中，指導靈邀請他跟隨時，亨利能感覺祂就在身邊，但卻從未見過祂。有時只會看到一隻手臂顯現出來，指導靈就站在亨利身後。感覺自己被籠罩在這股能量並被帶著走。這股能量，亨利無法想像是來自於他自己。而這股外在的力量是指導靈的助力，讓他更容易靈魂出竅。亨利擺脫肉體的束縛，接著這股能量包圍著他，並將他推向他方。然而，他從未真正見過指導靈。

除了有一次例外：那次如往常一樣有個「來吧」的召喚，隨即亨利確實就被抓住，身處另一個維度，面對一個生命體，在那裡還有其他模糊不清的生命體。亨利體驗到一股具有光、愛與和平的奇特力量。在這段難忘的體驗中，面對這些奇妙的生命體，他自己也被光籠罩其中，結果就看到了——祂，他的指導靈。這是他這輩子第一次和最後一次看到祂。

言語難以表達這樣的經驗。亨利描述這是一位超乎想像的漂亮生命體。祂有人類的臉龐，並散發著無法形容的光。那天，祂對亨利微微一笑，輕輕點頭，彷彿是一種溫柔的確認，一直以來都是祂在引導亨利。就這樣，從那天起，亨利從內心深處和全身所有的細胞都知道，是這位靈體陪伴他和幫助他。

在諮詢、與亡者接觸時，指導靈有時會介入，並扮演亡者和世人中間的媒介，但這並不是每次都會發生。亨利常把這個定義為一個有保護欲和充滿愛的生命體，幫助他成長並引導他集中精力。他與祂沒有任何討論。只有在指導靈主動的情況下，才會對亨利說話，而且說一兩句話就沒啦。指導靈說話時帶著愛，有時也有責備，就像父母對待孩子那樣。

這個指導靈給亨利最重要的其中一個建議，就是讓他決定將通靈能力當成一種職業。這聽起來讓人感到驚訝，當時亨利並不願意這麼做。

在十九歲時他收到這個指示：一開始是透過指導靈的聲音傳達給他。這是一種強加在他身上的聲音，但無法確定這個聲音的來源。訊息如下：「以後你要幫助成千上萬的靈魂，尤其是那些失去孩子的父母。」在十九歲時，亨利不想聽到這些指示。三週後，令他驚訝的是，連他在前陣子去世的祖父都以肉身出現，在他面前傳達同樣的訊息：「將有成千上萬的靈魂需要你協助……」

三週內出現兩次指示，「這真的很好啊，為什麼不接受呢？」亨利對自己說，但他不打算從那時開始做。為什麼不等到退休時再做呢？當時亨利正在服裝設計界工作，而且非常熱愛那份工作。

他沒有考慮這個指示，繼續做他的工作。兩年後，他搬到巴黎，在幾個月內因為一連串的巧合讓他遇見幾位在公開場合現身的靈媒。其中有一位貝爾特女士（Mme Berthe）。他不認識她，然而在他參加的那場公開通靈時，她看著他並宣稱：「有人告訴我，你是一位靈媒，你應該站在這裡和我一起……」並不是！在巴黎，亨利找到一份服裝設計師的工作，開始在演藝界立足。如果他有一個夢想的話，那就是成為一名歌手。出於好奇，他仍然偶爾會參加這些公開的集體通靈活動，在那裡靈媒坐在台上，面對稀稀落落的群眾，隨機接收可能在場的亡靈者的訊息，將訊息傳達給他們在場的親友。

是在這樣的情況下，他認識了靈媒妮可．勒潘斯，並與她建立非常深厚的友誼。他們第一次見面是在一次個人諮詢中，當時亨利只是以普通個案的身分出現。就在那天，亨利的祖父透過靈媒現身，並再次傳遞這個堅定的訊息：「你將要支援成千上萬的靈魂……」確實如此！儘管亨利不情願，但某種力量已經啟動。在接下來的幾個月裡（他到巴黎還不到一年），經過那些公開的通靈組織的測試後，亨利上台了。

那一天他的緊張程度難以想像，遠遠超過今天他在開始一場公開通靈之前所感受的緊張。測試的前一晚亨利根本無法入睡，喝了一杯又一杯的咖啡，結果只睡了三個小時。而在那年的三月十三日星期三早晨，他因為焦慮折磨到差點要取消所有的活動。一整個想吐。然而，當他一站上舞台，一切都改變了，焦慮消失，時間彷彿停止了。他瞬間被某種特殊的能量占有，開始接收靈體的訊息，就好像他一輩子都在做這件事一樣。事實上，這也有點像是他一直在做的事。

一種不算不愉快的新生活開始了。亨利在晚上或星期六參與公開的通靈大會，同時並繼續著他的服裝設計工作。他很開心，覺得自己遵循了指導靈和祖父看似迫切的要求，同時繼續做著他熱愛並感到充實的事情。但似乎有人對他有更多的期待，不久後他的指導靈再次介入，這次祂直截了當地說：「現在你要停止工作，否則我們會拿走你的天賦和能力。」言外之意是：「你必須停止現在的工作，成為全職的靈媒，否則你所有的感知能力都會被剝奪。」這個命令是無法反駁的——他現在認為這幾乎是一種勒索。**指導靈**命令他去幫助喪親的父母，這是他在公開場合已經在做的事，他也感覺自己對這項任務很有貢獻。但他要全職投入服務嗎？還是要私下接個案就好？儘管他心存顧慮，但事情發展得很快。他懷著沉重的心情放棄自己的工作和熱愛的演藝圈。在二十九歲時成為一名全職的靈媒，而他現年五十四歲。

這些年來，亨利一直在巴黎第十三區那間昏暗的小公寓裡進行通靈諮詢。來訪久了，這裡對我來說已經很熟悉了。

我把父親的照片遞給他，那張照片現在貼在他額頭上。剛開始進行的一個小測試讓我有點困惑，不過照片一貼上，交流立刻變得清晰起來——一切聚焦了。

「我看到一些字條」，他對我說，「一個鐵盒，我甚至能聽到那個盒子發出的聲音。好像裡面裝了好些東西，他的東西，全部都是。我感覺這個人，思想開放，但同時又蠻保守的。他不太喜歡與人接觸，過著有點隱居的生活……他讓我感受到這種狀態，是他生命最後幾年的寫照……他對外在世界，對家人，總是保持距離。『慢慢一點一點來。』他對我說，『慢慢一點一點來。』」

這對我父親的描述再貼切不過：他是個幾乎過著隱居生活的人。而那句「慢慢一點一點來」，我真的聽他說過無數次……亨利繼續說下去，我一言未發。

「『**別來煩我！**』他告訴我。有時他有點固執寡言，但我看得出來，他一直在觀察身邊的世界。」

「是的。」

「他說：『我太太真的對我非常有耐心。』說這句話時，他像是在表達一種感謝。不可思議的是，他又重複了一次：『**別來煩我**！』」他不是在說現在，而是在說他還活著的時候，尤其是生命的最後幾年。你懂我的意思。」

「我懂。」

我真的懂。非常懂。

「他還一直強調……連說了兩次。他家裡是不是有個展示櫃，裡面放著一些他的東西？」

「有的。」

「在一個房間裡，展示櫃裡放著一些比較舊的東西……這些東西比起其他家人，更像是屬於他個人的。他不喜歡別人碰，只能遠遠看看……」

「是的。」

這真是太驚人了。爸爸在客廳的主牆上裝了幾層架子，上面擺滿他小時候別人送的或祖先留下來的各種物件。他對這些陳列品非常依戀，並稱之為他的「物品博物館」。

「我看到他被一束美麗的光環繞著，他對我說：「如果我早點知道就好了！」就好像他生前對靈魂的存在並不太相信一樣……」

「是的……」

「他展示一件你送給他的物品。像是一塊切割過的礦石。我看到它放在他的書桌上。」

在他書桌上，爸爸放著我從馬達加斯加帶回一大塊樹的化石。這塊化石現在由我保管。現在連結似乎已經建立，但為什麼我父親卻不說我等待要測試的事，反而談論他的物品博物館或是他書桌上的化石呢？我插嘴說：

「他還有其他事要對我們說嗎？」

「等等……這可能聽起來很奇怪，但他傳達一些他年輕時對某人的情感。是一位保姆，或他視為第二個媽媽的女士？你不知道是誰嗎？」

「我不知道。」

在我們對話的這個階段，確實我不知道。不過幾週後，我母親證實，二戰期間，當巴黎被占領時，我父親被他父母送到外省，住在一位他非常喜愛的女士家中，他經常跟我母親提起她。此時，亨利繼續說：

「這是一位他非常喜愛的女士……家裡有一個去世的人叫莫利斯（Maurice）嗎？或是莫莉瑟特（Mauricette）？」

「我不知道。」

「莫利斯或莫莉瑟特，像這樣的名字……他讓我明白他喜歡把事情做得很好，是個完美主義者。你有這印象嗎？」

「有。」

確實，他喜歡把事情做得很好，至於莫利斯或莫莉瑟特，還真是個謎。

「他告訴我：『我怕犯錯時，從不表現出來』……這是自尊心作祟。奇怪的是，我不確定對你來說這一位是誰，或是不是你家裡的人，但有個孩子曾經尋求他的某種認可，這和你有關嗎？」

「有。」

「他跟我傳達這個非常強烈的想法，有個孩子渴望他的認可、他的認同、他的愛。你理解嗎？」

「我理解。」

「這非常強烈。我聽到：『現在我明白了。』」

我弟弟和我一直在尋求父親的認可。或許因為我是長子，所以並沒有因為他少有的情感表達而感到痛苦，但我兩個弟弟卻受到更多的影響。尤其是托馬，在他去世前，向父親強烈表達他內心的傷痛，那就是他感覺自己沒有得到父親的愛與關懷。

這個訊息——有關父親對我們情感表達匱乏的部分——是所有參與測試的靈媒都有提

供的訊息。從統計學的角度來看，這種重複的描述令人驚訝，甚至完全出乎意料。如果像某些人假設的那樣，靈媒隨即描述的性格特徵，像父親孤僻又內向的性格，這些特徵每次總是**巧合地**一致。正如我們將在整本書中看到的那樣，這些相似之處不僅與我父親的性格有關，還包括許多其他細節。尤其是當談到他的死亡情況時。在不透露任何後續內容的情況下，我必須在這個階段承認，當靈媒一個接一個地提出精確的共通點時，我的不信任感就轉化為真實的情感。

讓我們繼續跟亨利聊聊。

「這位先生不喜歡打針吧？」他指著照片上的我父親問我。

「沒錯。」

「他給我看打針的畫面。他不喜歡打針，也不喜歡治療。」

沒有人喜歡打針，但我忍不住想起我父親在生命的最後幾個月中有腹部積水問題，正如我之前所提過的，他必須接受長時間的抽水治療，過程中需要將一根針插入他的腹部，從中抽取大量過多的體液。這些治療雖然能緩解他的病痛，但肯定不會太舒服。

「我只是複述我聽到的，嗯：『醫生根本就不在乎……我不要打針，不要這些東西……』。這位先生性格鮮明，很有個性。我感覺他相當挑剔，但又面帶笑容。我看到他小小微笑，感受到他超級敏感……他一定在某個時刻感覺到不舒服。不知道是在他離開這個世界的時候，還是在更早之前，他因為疼痛而顯得緊繃的樣子。他的手因為緊繃而緊握著某個人或是某個東西，他的身體感受到劇烈的疼痛……」

「是的。」

我父親確實很容易發脾氣，但他也是個善良、樂於傾聽且笑容可掬的人。至於不舒服，肯定是有的，而且過程並不愉快。

「我感覺突然一陣劇痛襲來，然後全身變得僵硬。你知道嗎？」

「我知道。」

「我的身體突然僵硬起來，好像要離世了。他讓我明白，他是因為這種痛苦而去世的，你懂嗎？這對你來說意味著什麼？」

「我懂。」

「我感受到這種疼痛，他把它傳給我……有趣的是，一開始我聽到一種打開金屬盒子的聲音，有人在盒子裡翻找，現在我聽到：『我那些盒子』或『我的一個盒子』。你覺得這有什麼關聯呢？」

「沒有。」

那些盒子沒有喚起我任何具體的回憶。然而，對於他疼痛的記憶栩栩如生，雖然不見得是密集而強烈的疼痛，但在他去世前的最後幾週，卻是持續而令人筋疲力盡的那種痛。

我記得有時痛苦襲來時，他臉上出現的表情，他的手緊握著……

「是他還是他父親獲得過戰爭動章？」

「是他父親。」

「因為有人在那裡和他在一起，他突然給我看一枚戰爭勳章，是他爸爸嗎？」

「是的，是他父親。」

「是的，他們在一起了。毫無疑問，這個男人，也就是他的父親，早就離世。這位先生（亨利指著我父親的照片）很崇拜他父親，你知道嗎？」

一枚戰爭勳章，一個崇拜父親的兒子……當然，任何年齡足以成為照片中那位男子的父親，都可能在上個世紀參與過震撼世界的某場戰爭。此外，說一個兒子崇拜父親，幾乎是一種安全合理的說法。但我還是跟亨利確認這一點，看看我的**協助聚焦**會引導他到哪裡。

「是的，我認為他確實很崇拜父親。」

「我感受到這種崇拜，在那個年代這些事情不會被說出口。崇拜那些發生在戰爭中的事蹟……那位逝去的靈體曾獲得過戰爭勳章。有人保留這些勳章嗎？」

「呃……有的。」

我不知道自己為什麼沒有立即反應。其實是我保存祖父的十字勳章。但也許在這個階段提到的軍事勳章對我來說還是太含糊了……

「其中一位……他父親的腿上受過傷嗎？」

「是的。」

「有人告訴我腿部受傷的事。」

這樣情況就更明確了。亨利說我祖父剛剛出現在我父親身邊，展現他的勳章並提到腿上的傷。我祖父在第一次世界大戰中獲得勳章，並且在那場衝突中腳和腿都受了傷。他一生都帶著這些傷痛，幾乎每天都感到痛苦。此外，我父親，作為他的獨生子，確實對這個在我出生前就去世的男人極度崇拜。

「那個人應該相當理智……是他還是他父親有著淺色的眼睛？」

我父親有一雙淺藍色的眼睛，但照片上看不出來，而且我們依然處在昏暗的環境中。

「是他。」

我指著照片上的那個人回答，而且奇怪的是亨利仍然沒有提到這個人是誰。我這邊當然什麼也沒說，即使從邏輯上和仔細觀察可能可以推測出某種血緣關係。這也是我不太重視靈媒認定他是我父親的原因。相反的，我在意的是照片中沒有出現的線索，以及無法從檢視中推斷出來的細節。例如，我祖父在第一次世界大戰期間受傷的腿，這當然無法從他兒子的照片中看出來。

「他的眼睛是藍色的嗎？」

「是的。」

「我看到藍色的眼睛，我看到他偷偷地看我一下……他告訴我，在他還活著時，常常想起已故親友。雖然沒有太多信念，但他希望死後有來生。這讓你有共鳴嗎？」

「有。」

人死後靈魂仍延續著！自從我弟（他的兒子）去世後，我父親一直在想這個問題，在希望和放棄之間徘徊不定。他很少表露自己，但當我們倆討論這些問題時，我感受到他內心時時刻刻的懷疑帶給他的痛苦、折磨和悲傷。他似乎被困住了，在相互矛盾的感覺中左右為難。而我之前建議他閱讀的那些書，似乎並沒有撼動很久他所謂的那面「**巨大的迷霧之牆**」——他以一種悲傷的姿態這樣稱呼它。事實上，他的博學多才對他沒有幫助。相反的，這提供他大量的理性推論，同時來證實兩種假設。死亡之後是虛無，還是某種存在？他內心無法抉擇。

「他讓我明白，他並不堅信死後的生命可以延續。他對此並不確定，心裡想著：『看看到時候會怎麼樣吧』。他讓我知道他很驚訝。他提到一種回歸本源的感覺，並讓我知道他發出一些小信號給身邊的人。你有聽說過嗎？」

「這我知道。」

我母親曾說她感覺到他的存在，我弟弟西蒙也有，而我自己也有過這種感覺。但在這類感受中，感覺是如此微妙而且私密，很難客觀地跟別人分享那些對自己來說似乎是確確實實發生過的事。

「他讓我知道應該整理一下他的物品。」

「什麼意思？」

「一些私人物品……他在家裡應該有一個屬於自己的房間。你知道嗎？他曾經住過或是在生命的最後時光裡住在有個花園和某種小工具棚或擴建的地方？」

「是的，確實如此。」

「他讓我知道那是個獨立的房間，他可以在裡面待上好幾個小時。即使整天待在那裡也不會覺得煩。」

「沒錯。」

「他喜歡在那個房間裡獨處。他提到他的工作和熱愛的事。」

我父親曾在文科預科班教地理，但他其實是畫家。教書是他的工作，繪畫是他真正的熱情所愛。他在離家有段距離的花園裡蓋了一間工作室，大部分的時間都待在那裡，主要是作畫，當然也會寫寫東西或閱讀。當我坐在亨利面前時，全身都感受到我父親的**存在**。我不知道如何解釋，但我確實感覺到他。然而，我也意識到這種感覺完全是主觀的，若要使這次測試成功，必須保持公正。我需要協助亨利和**我父親**專注在物件上，但又不能過度引導。我如履薄冰。

「你可以請他描述他的離世狀況嗎？」

「可以，只要他願意談。」亨利回答。「他母親守寡很久，我猜有二十、二十五年吧？」

「是的。」

我祖母在她丈夫去世後二十年往生。

「因為他告訴我，他母親守寡已久。他說：『我也找到她了。』她和她丈夫一起來接他。他見到他們很高興。他說：『我已經與自己和解。』這就是我聽到的，這句話聽起來怪怪的，但我就這樣傳達給你。如果他這麼說，那是因為他大概內心有些折磨，他讓我感受到這種苦……哎喲，我不想對你說一些蠢話，但我剛剛感到一陣疼痛，在這裡，胸口，他有胸部、心臟或肺部的問題嗎？」

「兩者皆有。」

「我感覺像一股電流一下子就擊中我的胸口和心臟……」

在二〇〇一年我弟弟去世後，可能是因為這個巨大的打擊對父親造成極大的影響，他得了敗血症，導致心臟瓣膜受損。最終，他從敗血症中康復，但身體有些損害。事實上，自那次生病後，由於受損瓣膜導致的輕微漏損，他就一直心臟無力。長期下來，心臟無力影響他的肺部，進而讓他的身體變虛弱。直到住院幾周後，他的心臟衰竭，幾周的時間慢慢慢惡化，最後身體完全耗盡。腹水，即腹部的水分積聚，是肺部和心臟問題直接造成的後果。說出這些細節是為了讓你們判斷亨利感知的準確性，以及後續會看到的所有參與這本書的靈媒感知。

然而，與亨利交流時，我父親似乎不願多談這一段期間，因為那時他不喜歡看到自己的身體慢慢地衰竭。

「他堅持讓我看家中某個圖畫，不對，是一幅描繪大自然、太陽的畫作。明亮，光線……
……」

「是的。」

在我父母家裡，牆上掛著許多我父親畫的作品，無一例外全都是從空中俯瞰的風景畫，交替的幾何圖形、線條，有時還有大面積的色塊，象徵湖泊、沙漠、山脈等。

「他又給我看那個在花園裡而不是在房子裡的房間……他經常待在那裡。」

「是的。」

「他讓我看蝴蝶。他一定很喜歡欣賞花園和蝴蝶……觀察。我覺得觀察是他給我看這些畫面的重點。」

「是的。」

「從這間小屋的窗戶觀察。我看到他心事重重，想著自己的人生，親友和家庭。他告訴我，在過去幾年裡生活發生很大的變化。關於他的家人，我聽到：『我依然在這裡』。他在微弱的氣息中對我輕聲低語：『我當時很害怕。』」

父親很愛他的房子。一想到不得不離開鄉間的寧靜、鳥兒的歌聲、俯瞰森林山脊的景色以及老鷹在天空飛舞的場景，真是令人心碎。死亡對他來說意味著要離開這個天堂。有一次我們在廚房裡聊天，當時他透過窗戶望向森林，突然情緒激動地問我：「死後會有像這樣的景色嗎？我能從窗戶往外看嗎？死亡裡有窗嗎？讓我感到恐懼的正是這種未知。」那是在他去世前幾週，正值春天，陽光普照，眼前的一切呈現幸福的色彩。他得到生命中最重要，同時也是如此簡單的事物。

將靈媒當成工作，意味著獲得報酬。即使許多人從事一種職業是原本就具有某些天賦，這並不會引起任何爭議，但只要提到靈媒，這個問題就變得議論紛紛。為什麼？歸根究底，舉廚師為例，不就是靠自己培養的天賦謀生嗎？就像音樂家、花藝師、畫家、作家、律師、外科醫生或心理學家一樣。為什麼靈媒或治療師應該是特例，而必須無償提供服務呢？為什麼藉著游泳的天賦賺錢（有時賺得不少）是值得讚賞，而作為靈媒賺錢卻受到譴責？

有人會反駁我說，這不一樣啊。為什麼呢？這種武斷的說法，認為治療師或靈媒不應將他們與生俱來的能力變現，否則就會被視為騙子，這難道不是因為我們的社會對這些無法解釋的能力之態度：一種帶有些許恐懼的迷戀與懷疑交織在一起的感覺？

然而，我們必須意識到這種態度使我們無法深入了解這些現象的真實性。那麼，這些能力究竟是什麼？首先，它並非……不存在。這些能力存在的真實性是可以確認的，但真正神祕的是他們的詮釋方法。然而，無論這些靈媒的能力是如何得知精確的資訊，是透過某種第六感，還是藉由觀察結果而來，或是經由實驗而獲得，結果都不容置疑。無論這些訊息是來自亡者，還是來自心靈感應的能力，或是其他東西，這都是一個合理，甚至是關鍵的問題，這本書會試圖回答這個問題。

因此，通靈是具體且真實的現象。這不是魔法，也不是巫術，更不是上帝或我不知道是誰所賦予的力量。有研究顯示，我們面對的是一種人類的自然天賦，在某些人身上的這種特性特別明顯，而這種天賦需要自覺擁有的人去駕馭。無論是使用這種能力的人，還是前來諮詢的人，都需要有判斷的能力。

天賦異稟的人並不表示會被選中當靈媒，絕對不是！就像一個非常厲害的麵包師傅並不表示他是被選中的。這種天賦一旦被開發並掌握，可以用於專業領域。憑什麼說這是不可能的呢？應該要依據每個人的具體實踐來評估，就像醫師公會透過推行每位從業者共同遵守的倫理規範來管理一樣。然而，藉由那些毫無科學依據的假設來評判整個行業是說不通的，這樣做並不可靠。

因此我堅信：靈媒和療癒師都有收費權利，而否認他們的收費權利反而會導致我們試圖避免的那些偏差行為。因為如果不承認這些能力的真實性，在療癒或處理哀悼歷程時，就會影響這個療程作用的界線，讓它處於一種模糊不清和極度模稜兩可的狀態。而正是這種情況造成實實在在的危險，包括邪教的偏差行為、江湖騙子，以及各種引發公憤的濫用行為。

確實如此，亨利就像其他人一樣困惑，長期思索這個問題，至今有時仍會反思。在他看來，如果在收費與否的問題真有精神層面的不同看法，那為什麼指導靈會要求他放棄自己的工作呢？當時這個要求是如此迫切！其實他更願意繼續做服裝設計師，偶爾在他參與的公開通靈大會上幫助別人。如今，儘管他不後悔改變自己的生活，但他仍然懷念以前的日子。亨利富有創造力，他內心深處是一個藝術家靈魂，而無法表現創意這件事讓他有時候會感到遺憾。

我們經常討論這個話題，因為我對亨利的持續不懈和精力感到佩服，二十五年來他做著相同的事情：每天要承受好幾次哀悼者的痛苦。我視這份工作尤如真正的神聖使命，因為他以近乎自我犧牲的責任感來承擔使命。他說自己是得到幫助和鼓勵以繼續從事這項工作，因為當面對這些來找他的人，面對他們的痛苦和悲傷時，亨利覺得自己對他人有用。

無論這些人是相信還是懷疑，但毫無例外，他們都因失去親友而陷入困惑和迷茫之中。

好多次他都因提供訊息，讓這些人可以想像靈魂在死後還繼續存在的可能性？他為多少男女打開一扇通往希望的小門？在他們幾乎沒有氣力活下去時，亨利重新給予他們存活的力量？

我已多次見證過這一點。看到人們變得容光煥發，擁抱著他，就像那週在我們會談的前一個警察個案，他來諮詢是為了他去世的兒子。在那次會談療程後，當那個警察站在門口準備離開時，他突然動也不動，問亨利能否抱一抱他。亨利答應了。提起這段最近發生的小插曲，亨利顯得非常感動。在這樣的時刻，我更能理解為何他能做這份奇特的工作這麼久。

這一份工作之所以奇特，是因為與另一種既定的想法不一樣，靈媒的生活並非每天都那麼美好，甚至不見得令人羨慕。亨利並沒有因此致富，他放棄一份更有成就感的職業，現在他每天日夜都處在與亡者相伴的環境中，而這一切最終只為了看到一位母親的微笑，或是看到一位崩潰的父親眼中的一絲希望。不，這不是一份容易的工作。

此外，亨利每天動用他的感知能力，消耗身體很多能量，為此他付出了自己的健康。他每天都要面對這些人帶來的心理能量、他們的情感，以及靈體的能量。要能夠與靈界同步，捕捉散布在不同維度的訊息，是極為耗費心神的事，這讓亨利看起來顯老。他年紀輕輕就顯得很成熟，比實際同齡更顯老成，並且走上一條與他那一代人不同的成長之路。

然而，除了這些困難之外，他還提到一些喜悅，並回憶起一些印象很深刻的經歷。看到他的個案重新獲得活下去的力量，那是無法用金錢衡量的。亨利坦承，能夠提供靈魂繼續存在的證據，並讓那些失去信仰的人重拾信念，是他所能經歷的最大恩典。

在完全沒有接受過任何心理學訓練的情況下，是很難去衡量接待哀悼者所承擔的責任。事實上，在亨利執業初期，他非常擔心這一點，因為他希望既能提供有關亡者的訊息（藉由行使他的通靈能力），又能在心理上支持前來諮詢的人。在沒有心理治療師的訓練下，他並沒有嘗試「扮演心理醫生」來完成任務，而是憑藉著完全信任那**看不見**的力量。你需要極大的信心，尤其是面對那些在諮詢開始時就告訴你：「先生，如果今天我沒有得到證據，我就會自殺……」。這個責任多麼重大啊！怎麼可能想像這種情況會很容易應對呢？最重要的是，如何在這種情況下平靜地進入感知狀態呢？他是怎麼做到的？如果是我，面對這種巨大的壓力，我早就嚇呆了。

關鍵在於，他毫無保留地信任這個隱形世界，這使他能夠超越情感的負擔。如今，長期從事這項工作已讓他獲得一些自然而然的技巧。他說，「重要的是放手」。

首先，必須設法從來訪者的能量、期待以及心理和情感狀態中抽離。在個人諮詢中，為了達到這種放鬆的狀態，亨利會閉上眼睛。這是他自我隔絕的一種方法：不看來諮詢的人。一旦他完全放鬆下來，他便努力嘗試抽離自己的心智，而這是最困難的部分。但當他開始集中注意力時，常常會有一些干擾的念頭冒出來。接著他會在心裡默默祈禱，並讓自己處於隨時準備好接收訊息的狀態。在這種平靜的狀態下，他等著自己被某種力量**占有**。就像是一種人格解體的過程，感覺到這樣的事情正在發生：他身上有些部分人格解體，**變成了另一個人**，也就是亡者。他讓自己被對方的精神能量占有。這是一種平衡的過程，因為亨利完全保持清醒，與眼前的個案同處於當下，但他同時又在人格解體的狀態。他有部分被靈體世界占有和滲透，而他的任務則是大聲說出來，盡可能地轉達他所接收到的線索和訊息，複述亡者傳達給他的內容：畫面、感覺、感受，以及亡者的話語。

在諮詢時，亨利可以感覺到亡者在房間裡，或甚至看到亡者，例如就出現在個案身後或在他身邊。他也可能接收到一些靈體顯現給他在心裡看到的畫面，並帶他進入過去的某個特定時刻。

亨利感覺到亡者的意圖。例如在諮詢中，他傳遞這些訊息給個案，但有時個案無法即時反應，或不理解這些訊息的意思。這時亨利注意到亡者轉移到其他話題，但他會突然發現，亡者又回到個案不理解的話題上，並提供更多的細節。從這種自然流露的行為中，亨利看出裡頭有一種意圖和堅持，而這與浮現在他腦海中的靜態畫面或回憶完全不同。

這種來自亡者的堅持，讓他真切地感覺到「**有人**」正在與他交流。他能感覺到他們的存在。

有時，這些與他交談的亡者甚至會打斷他的話。這種狀況並非細微末節，而是重要訊息。事實上，一旦證實靈媒能獲得他完全不知情的準確訊息，接下來的問題是這些訊息的來源。亨利認為這些訊息是亡者傳遞給他的，但這可能像我們之前假設的心靈感應或預知能力的展現嗎？依據現今我們對超感知覺的理解，即使要獲得一位我們完全不認識的人的精確訊息，其實是不需要有亡者在場的。更不用講讀心術了，那是一種可以解釋的技巧。

事實上從數量上來看，沒有任何客觀的依據可以判定這兩種假設哪一個正確——亡者還活著並會說話，或者靈媒**只是**具有預知和心靈感應能力的人。雖然這種感受確實是主觀的，但是卻很重要。若是預知能力的感知的話，是不會打斷對話，不會讓靈媒回到先前提到的細節。簡而言之，預知能力的感知不會展現「**意圖**」。

為了解釋這一點，亨利跟我舉了一個最近的案例，一位母親來找他諮詢她已故女兒的情況。在他與這位母親交談時，這位年輕女孩的靈體透過亨利突然現身，連亨利都嚇了一跳，並對她母親說：「媽媽，妳看，我早就跟你說過了！」這位年輕女孩的存在感如此強烈，強行打破那微弱的平衡，亨利就短暫地被這個靈體附身了幾秒鐘。在附身情況下，亨利就不只是複述所聽到的話了，而是靈體完全進入他的肉身，直接透過他的嘴巴說話。雖然有時他會經歷所謂的「片段式附身」，但亨利並不喜歡這種感覺。因為在被完全附身的情況下，靈媒會變得完全失去意識，之後根本就不記得任何事情。就亨利的情況而言，他是清醒的，只是在幾秒鐘內完全無法掌控。他就在這位母親面前，突然脫口而出這句話：「媽媽，妳看，我早就跟你說過了！」然後這位母親告訴亨利，她女兒去世前兩天，曾告訴母親她會在路上發生車禍，並因此喪生。女孩當時只有十六歲，也沒有在開車，所以她母親當時沒有太在意這句話。然而兩天後，她女兒在路邊行走時被車撞倒了。

對亨利來說，如此完全出乎意料的自然行為就是一種證明，如果還需要證明的話，這確實是一個活生生的靈體，一種在他的通靈過程中表達自己的智慧體。

還有一次，有父母來找他諮詢在車禍中過世的兒子。在通靈會談中，這個兒子給亨利看一張像是他在山上的明信片，並讓亨利知道他在去世前曾去過有這樣風景的地方。由於男孩是在布列塔尼公路上去世的，他的父母對亨利說：「不，先生，我們兒子最近沒有去過山上，也沒有寄過山中的明信片給我們。」但兒子繼續展示一張明信片和他在山中的照片。亨利告訴這對父母，他們兒子的靈體非常堅持。「不，他好幾年沒上山了，這不合常理。」然而，儘管靈體那邊一再堅持，表示他在去世前曾去過山裡，亨利只能感到抱歉並說他無法理解。會談結束幾天後，父母跟親友談起他們的諮詢經驗時，兒子的女朋友透露，她和他確實在他去世前一起上山待了兩天，甚至在那裡拍照。父母在來諮詢的當時，跟亨利一樣都對這趟逃脫的小旅行毫不知情。事實上，房間裡只有一個人知道。一個已經過世幾個月的人：他們的兒子。

個案的詢問也可以是輕鬆、不那麼沉重的。「某某亡者過得如何？」這是亨利收到最多的個案的詢問內容。他也多次被問到亡者是否有什麼特定訊息要傳達。很多人來見他都是抱著好奇的心態前來。「生命在死後真的還存在嗎？」這個問題太震撼了！也有人來是為了向亡者尋求建議，以為人生做出決定。在這種情況下，亨利會拒絕。事實上，他認為不應該為了這種事而打擾靈體。他的經歷讓他將自己的工作視為一種機會，讓靈體來證明它還活著並安撫世人。有時，在這種通靈中，亡者可以提供有關前來諮詢者或其家人的訊息，但那是另一回事。因為這些靈體會自然地從他們那邊的世界過來。

我注意到亨利對我說的話，和測試的執行方法，與其說他鼓勵溝通，不如說，是透過他為媒介在兩個人（一死一活）之間進行討論，他的能力盡可能為亡者傳遞簡短的訊息。他們自然而然的表達內容可以被亨利感知，但相反的，要向他們提問則顯得複雜許多。而且，亨利也承認：他不喜歡人們提問，原因很簡單，他擔心沒有答案。他很清楚，這方面的障礙就是他自己。然而，從他長期的實例顯示，他經常從亡者那裡收到個案提問的答案。唯一不同的是，他自己並沒有意識到這一點。這在情緒層面上會產生很大的差異。

而此刻這股似乎會讓亨利動彈不得的情緒，在我的測試繼續進行時，依然還在這小而昏暗的公寓裡。

我有一種對夢說話的奇異感覺。在內心深處，我感覺父親就在那裡。他給我一些難以歸類為偶然的線索，卻沒有主動提起我所期待的內容。為什麼呢？我很清楚地感覺到亨利的不安，因為他不知道我到底在期待什麼，但同時內心又確信**我確實在期待某些具體的東西**。不管亨利怎麼說，這件事讓他感到沉重，儘管我們是朋友，但他的潛意識並無法忘卻我在測試他。他給自己壓力，而我也意識到這種壓力是他感知力的敵人。

另一方面，我感受到父親在場，但那還是我父親嗎？這個透過亨利和我說話的人，到底是誰？

他有時很精確，向我描述他的性格、工作室、他的死亡等，但卻以一種不穩定的方式表達，從一個話題跳到另一個話題。在這種不太像他的性格特徵的背後，我察覺到他的意圖，試著藉由這些細節找到一個足以讓我信服的點，而且這個點必須有強大的說服力，讓我毫無疑問地相信他的存在。我幾乎能感受到他急躁地試圖透過一個有點緊張的靈媒來傳達他的意思。但為什麼他不主動告訴我，我所期望的內容呢？

於是我決定幫助亨利把注意力集中在物件上。對他指著照片上的人，我的指示變得更明確。

「我請他傳達一些東西。」
「給誰？給家人嗎？」
「給我們，給你。為了這本書，我請他透過我所見的每一位靈媒來傳達一些事情。一則訊息……他知道應該說什麼……」
「給這本書的訊息？」
「對。在來見你之前，我跟他說了，請他告訴你一些明確的事情……」
「但這可不容易啊，史岱芬。」
「啊是啊，一點也不容易……」
「當一切都是他們主動發言時就還好，但相對的要求他們就不簡單了。至少對我來說是如此。」
「有沒有什麼畫面浮現？」
「沒有，和你要求的事情無關。但奇怪的是，他讓我明白他的棺材太小了。他給我看，我不知道為什麼，這有點奇怪……我有這種感覺，好像不夠寬敞，或許這是在暗示他被困在某種東西裡？不，不用擔心，他並沒有受困在物質裡，放心，他沒事的。我不知道……這是否和他的生活方式有關？還是他的想像力？你能理解嗎？」
我發現即使我什麼都沒暗示，但父親的明確訊息引導亨利提到他的棺木。這純屬巧合嗎？

「我請他告訴你的事情與他的棺木有關。」

「啊，那這就讓我覺得有趣了……好的。」

「別猶豫，請盡情分享你所有的感受。」

「他跟我說棺材，它太小了，必須推開才能有自由活動的空間……我聽到你的問題，而他卻在說這個……」

「即使你覺得這沒什麼關聯，或這讓你覺得很奇怪，請說出所有你收到的訊息。」

「好……他給我看……都是白色的，應該有一塊布，棺木裡有白色緞布。」

「是的。」

「白色，白色緞布。好吧，我就說我聽到的話：『他們把我安置得很好。』他在感謝，因為我聽到：『謝謝。』同時我理解他喜歡簡單的東西，他希望事情單純一點，你能理解嗎？」

「是的。」

「沒有多餘的裝飾，簡單就好，他在這方面很堅持……我感覺到有點煩躁。接下來要說的話聽起來有點蠢，但他給我看一顆蘋果，我不知道為什麼。一顆圓形的蘋果，我不太清楚它的含義……我不知道。他很堅持，但同時這並不容易，因為他已經離這一切很遠了，他給我看他的手指，手指、他的手……」

爸爸試圖透過亨利與我交流時，他是否不知道該如何表達，於是嘗試了好幾種方法，堅持著，幾乎要生氣了？該如何說明這些事情？當展現他的手指和手時，是否想喚起繪畫的感覺？還有那顆蘋果？為什麼他要強調「圓形的蘋果」？有方形的蘋果嗎？這是一種象徵嗎？

「我看不到那個物件，但我不斷看到手指、手、手指、手……他說：『我說謝謝……自由，自由……我自由了。』應該有人為他寫了一篇非常動人的文章，很觸動他，你知道那是什麼嗎？」

這篇「非常動人的文章」，難道不是那篇讓他深深感動的《韃靼荒漠》嗎？講述一個人在生命最後階段仍然被自己強加的命運所綑綁的故事？當時，我想到他的葬禮，在那場葬禮上有人說了很多美好的話，我回答：

「是的，確實如此。」

「我們是不是可以說在他的棺木裡有什麼東西，或說是由親友放進去的東西？」

啊，我們越來越接近了！我的助力是告訴亨利，照片上這個人有個訊息要傳達給我。亨利隨即提到棺木太小了，然後直接說出由親友放進棺木的物件。這個訊息確實是一份清單，列出由親友放入棺木的物件！這會不會是因為我提到訊息與棺木有關，而他做出的邏輯推測？也有這個可能。

暫時，我對亨利的問題點頭表示同意。

「某些東西，個人物品，是由與他有關的人放進去的？」他這樣回答。

我注意到，父親透過亨利傳達的是多件物品，而不只是一件。他的努力幾乎是顯而易見的，儘管我還是不太明白，為什麼他不能直接說出是哪些東西。我問：

「他能描述這些東西嗎？」

「有人給他放了一些個人物品，我想應該是有好幾個。當我這樣說的時候，我們一致都同意嗎？」

「有好幾件物品？」

「是的，或是好幾樣東西，你不知道嗎？」

「是的，我知道。」

「他讓我感受到有幾樣東西。」

「說出你腦中浮現的所有東西吧。」

「好，我會說，因為他傳了很多訊息給我，不過與此同時，他對這一切已經沒有執著了。他現在很快樂，也向你道謝：『只要我還活在這裡，還活在那裡，我就永遠不會真的死去。』」

亨利指著我的頭和心。為什麼突然提到這麼私密的話題呢？亨利從來沒有提到我們的父子關係。

「我聽到他的聲音在遠遠的氣息裡，對他所愛的人，朋友和家人說話：『安息』。」

因為亨利說的很小聲，我沒聽清楚就請他複述一遍。

「『安息。』他的意思是說他現在過得很平靜……有很多物品和他在一起……我試圖了解，是不是可以說有某樣東西曾經跟他一起旅行？出國？」

我壓抑著所有不恰當的情感流露，但「某樣東西曾經跟他一起旅行」這個表達立刻讓我想到指南針。我再一次設身處地站在父親的角度，想像他無法透過語言表達，但卻能夠描述這些物件。對，就是這樣：他無法用言語表達，只能透過與亨利分享的感覺來交流。他們的對話和交流不在語言的世界裡，而是在畫面和感覺的世界。那麼，指南針的**感覺**是什麼？我只是簡短回應一下：

「嗯。」

「我不知道那是什麼。是一個和他一起被放入的，曾經一起旅行到國外的東西。」

「我能體會。」

「他強力堅持這一點：『它在我身邊。』是的，我聽到了，但我看不出那是什麼……這就像是一種來自心裡的意圖，一個動作……他用手抓起泥土或沙子，然後讓它從指縫中滑落……你明白嗎，就像一切都化為塵土。」

「沙子嗎？」

「是的，就像他手裡拿著沙子，然後他做這樣的動作……不知道那是什麼意思？」

此刻我很震驚，內心非常感動，但完全沒有表現出來。我有種感覺，我父親確實有非常強烈的真實情感，連我自己都無法預料他會怎麼表達。我再次意識到，讓父親說出我放在他棺木裡的小說書名是多麼困難啊。而今天早上在赴約的路途上，我還大聲對父親說，請他試著在四件物品中提到那本書！我特別想到父親要提到那本書時可能會遇到的困難，而這正是在通靈會談中**出現**最困難的點，這兩件事真是有意義的巧合啊。《韃靼荒漠》：還有什麼能比抓起一把沙子，讓它從手中滑落更能聯想到沙漠呢……而此刻亨利正好在我面前重現這個動作！

儘管我感到不安，但我只是簡短回應：

「呃，這很有意思。」

「哦，真的嗎？這對你來說有意義嗎？」

「有。」

「他把手掌彎曲像要捧什麼，然後放開手中的東西，就像沙子。這是他讓我看到的畫面，之後我就無能為力了，史岱芬。」

「好的。」

「我現在累了，無法再繼續下去……」

「我們休息吧。但我想知道為什麼他不能單純傳達一個詞。」

「有時可以，有時卻不能。」

「因為我感覺你接收到、感覺到他在另一邊世界試圖展現的東西，他知道我在期待什麼。所以他提供很有意義的畫面，但為什麼不能給出一個詞呢？是他，或是你辦不到呢？」

「這要看不同的時刻，不同的靈體，有太多條件會影響……但那手中的沙子有給你什麼感覺嗎？」

「有。」

「因為他試圖回應你。於是你已經得到部分的答案，但還缺其他部分？」

「可是為什麼他用畫面交流而不是一個詞呢？我不能再提示你了，但我真的很疑惑……覺得我們繞來繞去沒有切入重點。」

「他已經盡力了。」

「為什麼他無法說話，無法說出一個準確的詞，既然你能聽到他？」

「他可以，只是片段片段地說。他努力著。」

「但我在等待具體的訊息，而他知道……」

「有時他會提供其他的訊息。」

「是的。然而我認為，如果他現在還活著，就在我們旁邊，或說還在他的肉身裡，他會非常清楚要說什麼和如何說。所以為什麼現在不一樣，既然你說他在這裡？為什麼他不明確說出他知道我在等待的事情？」

「我不知道。他開始讓我感受到一些東西，但那時到底發生了什麼事？我是說我的感知。我卡住了嗎？還是我把自己困住了，無論他怎麼努力試圖帶我找到方向，我卻因為潛意識的混亂，而不自知已無法再深入？也許這也與你的期望所產生的心理能量場有關？結果就是我這邊卡住，而他無法再進一步表達。」

「你是說他可能也很難說出我在等的那些話嗎？」

「是的，當然，這是有可能的，有各種不同的情況。」

「我想了解的就是這點：你提到不同的情況有哪些？目前他在所處的地方不好嗎？難道他不知道自己在哪裡嗎？」

「不，他的情況不是那樣。他已經盡力嘗試了，但就是這樣，與靈界溝通時，過程會有我們所謂的「篩選」。在感知的過程中，活著的人和靈體的心理能量會交織在一起。有時我無法完全調整到與他相同的頻率，因此無法接收所有我們想要問的答案。就像今天和你在一起的情況一樣，有些事情卡住了。這個問題或許不是來自於亡者，而是來自於我，例如我感受到你有很高的期待，這讓我有些動彈不得。在其他情況下，可能是亡者還沒有完全釋放出來。或是有些亡者與某些靈媒無法建立連結。可能是同理心和能量問題，就好像少了一些他們的共振。就像我們人與人的相遇：有時對得上，有時則無法。此外，有時我覺得很累，但反而進行了一場非常棒的會談。亡者用他們的詞彙和表達方式與我交流。有時我會處於一種難以置信的能量和深刻的感覺，我能捕捉到他們的行為舉止，個案會確認說：『這樣真是太像他了！』或者『感覺他就在我們身邊！』

那麼，這次與亨利的測試算達成嗎？這個問題就讓你們來評斷；就我而言，我的心已經給出答案了。然而從這第一次會面，我們該記取什麼？這同樣也不是我能為你做決定的事，但我很高興自己沒有輕易放棄，並將我朋友亨利推到他的極限。就像接下來的會談一樣，我會經歷從驚訝到發現的過程，而且每次都像今天一樣，充滿了情感。

畢竟，我可以跟大家承認：我確實有感覺，父親在這次會談中始終都在場。雖然有時他覺得困難，但有時也會對我的窮追不捨而感到好玩。我正在與靈媒……以及他，一起寫這本書。

這對我來說是顯而易見的。

但說到這裡，沒有與兒子再一起玩遊戲時，已經穿越**那面巨大的迷霧之牆**的我父親，現在在做什麼呢？

亨利可能經歷過數千次的諮詢，但令人驚訝的是，他對靈界的理解仍十分有限。據他說，原因在於他無法進入亡者所在的**地方**，而是亡者來找他。更準確的說，他們彼此在中途交會：亡者降臨到物質層面，而他則進入另一個意識層次。亨利解釋說，在他與亡者連結時，亡者會降低自身的振動頻率，使自己得以進入我們的現實層面。他認為自己無法進入亡者的靈性層次，而亡者則能透過降低振動頻率來接近我們。在某種程度上，他們能與我們所在的層次同步。亨利推測，亡者所處的存在層次比我們的更加純粹、飄渺。

在通靈過程中，亨利意識到自己身處於一種光的空間。他告訴我，當他看到亡者被一些光芒放射的場域環繞時，他非常喜愛這些時刻。這種光亮的景象立即告訴他，亡者現在處於什麼階段。有時他能看到一個只有發光的完整形體，有時則出現半透明的臉。當亨利與那些以肉身顯現的亡者在一起時，他會看到他們的光芒，他激動地說那很吸引人。他坦言，當這種情況發生時，他會不想再回到現實世界。

除此之外，在不同的傳統或是透過靈媒連結的方式，都經常提到的事實是，亡者一旦到達另一個世界，就可以悠遊在不同的意識層次。進入哪一種層次則取決於亡者對自己狀況的理解，視他是否很快或是很遲緩來意識到自己的死亡。這個過程是輕鬆或是困難，也因人而異。有些靈魂感到不適，因為他們只能部分意識到發生的事情，但無法擺脫這種混亂感。

當亡者還未意識到自己已經過世時，亨利通常無法感應到他們。據說這些亡者會進入一種**修復性的睡眠狀態**。因此，通常建議在亡者過世後不要立即找靈媒，亨利建議至少等三個月後（雖然有些亡者可以更快交流，但平均是三個月）。這段修復性的睡眠對亡者來說，是擺脫心智體所必須的過渡期。「這個傳說中的心智，有時會讓我們的生活變得複雜，為什麼到了另一個世界，它就瞬間消失呢？」亨利提出這樣的觀察。我們的思想和悔恨依然不斷地在循環，需要更多時間以看得更透徹。即使我們意識到自己已經離世，完全清楚自己的狀況，卻可能仍然看不見來接我們的靈體。亨利曾見過一些亡者，不知道也感覺不到自己已經被另一個世界的親友包圍。他特別記得一次深刻的經歷，那是與一個剛去世幾個月的靈體交流。當他沉浸在這個靈體的能量時，他感知到一些小片段，但這些片段以難以形容的速度閃過。很快地亨利就明白，這個人不斷地重複回顧自己的一生，無法脫離出來。這場景不合常理，四散凌亂，一切都進展得太快。

往生者也可能意識到自己已經過世，卻因有尚未解決的凡塵俗事而受阻。確實，即使他們意識到自己已經到了另一邊世界，仍需接受自己犯下的錯誤，原諒在世的人。

此外，有些亡者無法接受自己的離世，或是尚未完全脫離現世，因為他們感受到生者的需求。因而選擇留下來，給予支持，彌補遺憾，或完成未竟之事。事實上，亡者或許已經完全脫離現世的束縛，然而，生者的思念與需求會產生一種能量，使得他們因此停留在較低的靈性層次，否則他們本可以進入更高的靈性境界。就某種意義來說，他們是為了我們而留下來。亨利強調這一點，因為他常常目睹過於強烈的情感連結帶來的沉重負擔，這樣的痛苦使在世的人無法讓亡者走向靈性的提升。對於亨利和所有我諮詢過的其他靈媒來說，我們必須學會讓亡者走自己的路。他們經常對自己的個案說：我們的已故親友必須在他們自己的道路上成長。死亡並不表示他們拋棄我們。我們必須努力設身處地為他們著想，並意識到如果我們不願意從痛苦中走出來，可能會讓他們感到內疚。因為這樣，我們會不斷地將亡者吸引到我們這裡來。

在這種情況下，想像一下他們是我們痛苦的無助見證者。你認為我們失去的那些人會希望我們怎麼活下去？他們依然活著。他們的離世並沒有讓一切停止，也沒有凍結在痛苦中，即使死亡帶來的失落感讓那些留下來的人（也就是我們），感覺事情就是如此。我們該把他們想像成繼續活著的生命體。

亨利呼籲人們不要濫用通靈諮詢，這也是他表現出來的一貫立場。他與心理學家達成相同的結論：我們生活在活人的世界中，而喪親的痛苦會隨著我們投入哀悼歷程而逐漸減輕，這個過程我們會學習如何與失落感共存，並建立另一種關係[2]。因此，當我們有幸透

2 關於這個主題，請參閱與本書末章〈與克里斯多夫．富黑醫師的實務訪談〉。

過靈媒或自行體驗到一次真正令人信服的靈界顯現時，應該要懂得珍惜這種特殊經歷。「亨利說，要感恩。如果我們總是要求與亡者交流，這可能會使靈體動彈不得，因為這樣它就無法遵循自己的道路。切記，即使我們沒有聯繫，但我們始終是與他們保持連結的。」

多米尼克（Dominique）

我和多米尼克・瓦萊（Dominique Vallée）靈媒在她巴黎遠郊的家裡碰面。穿越一個不大的玻璃房即可進入一個充滿陽光的小花園。這個充滿光線的房間是多米尼克平時進行諮詢的地方。但這次我們選擇進到屋內，而她的狗狗從我一抵達就熱情迎接，跳來跳去地跟著我們。

多米尼克的雙眼充滿笑意，閃閃發亮。我認識她好幾年了，對她在這份特殊工作的認真態度有深刻的印象。她滿懷信心地答應參與這次測試，但我能感受到她非常焦慮，這讓我擔心測試能否順利進行。因此，我決定直接用照片開始通靈會談。但這基本上並沒有改變什麼——我給一張她一無所知的照片，不知道照片中的人是誰——但這樣可以讓她從一開始就專注於某一個人，而不是回應可能出現在我身旁的所有靈體。

當我們圍坐在桌邊時，多米尼克就告訴我一些她向來會跟諮詢者說的話。

首先，多米尼克解釋，通靈不是一根魔法棒。即使一個靈媒有百分之九十九（99％）的成功率，還是有可能失敗。有多種可能的原因，例如，我們試圖連結的亡者可能是在不好的情況下離世，或往生時過於匆忙，導致他們處在一個**動盪的區域**，在那裡他們會尋求更接近地球，而不是提升到更高的層次。當亡者處於這種區域時，多米尼克反而無法與他們連結。這讓我想起亨利的反思，他提到，在亡者過世後與靈媒第一次接觸之間要間隔一段時間的必要性，讓亡者能夠脫離現世。多米尼克觀察到，通靈交流的品質跟她連結的靈魂品質有關。

接下來，她建議來諮詢的人將整個會談過程錄音，如果不這樣做的話，至少要記下所說的內容，以免遺漏細節。因為當下有些細節可能沒有什麼意義，但幾天過後冷靜回望，它們可能會變得很關鍵。

最後，多米尼克非常清楚地說明通靈應該如何開始：當亡者試圖讓自己的身分被確認時，她不想知道任何細節，也不想聽到任何問題。她知道得越少，效果越好。因此，在第一個階段，她只要求個案對她提出的具體問題回答「是」或「不是」，而不要提供任何其他解釋。此時，她只需要這些方向來確定她是否與對的亡者建立了連結。

顯然地，我逐漸意識到這一點，這種身分確認的必要性顯示一個重要的事實：在另一個世界有很多靈體，或更準確來說，其實**在我們四周**有很多靈體。如果我要用一個意象來形容，我會這樣說：當靈媒在心靈上進入接收狀態，打開**感知之門**時，彷彿在一個平行世界，即在王者世界中被投影機的強光照著；許多亡者都能看見靈媒，被這個似乎能看到並聽到他們的活人吸引而來，很多亡靈便會靠過來，迫不及待地想要交流。

順帶一提：當你**為了好玩**而進行招魂術時，也會發生一模一樣的事；你會把聚光燈照在自己身上，讓你在亡者世界變得可見。一般來說，那些在黑暗中徘徊、尋找一絲光亮的靈體，往往不是你想邀請來共進晚餐的對象。一旦你對他們招手示意，他們可能會覺得你家很歡迎他們。所以給大家一個忠告：不要玩這個，因為這不是一場遊戲。

所有靈媒都會保護自己，並知道如何做。亨利在我們訪談的結尾時告訴我，他曾經長期被不請自來的靈體困擾。所有靈媒都強調，必須保持警惕，因為會出現兩股力量：負能量如同正能量一樣並存。從這個角度來看，靈性層次和我們的物質世界並沒有太大的區別，光明與最黑暗的影子共存。每個世界都是另一個世界的倒影。

照片平放在桌上。多米尼克堅持在不看照片的情況下告訴我這個開場白，然後她的目光落在我父親的照片上，她的手指輕拂相片，就立刻交流了。

「哇哦，有心臟問題……他呼吸困難。」

多米尼克的回應非常突然，而且是身體反應，彷彿她的身體成了共鳴箱。我問她：

「妳有什麼感覺？」

「我的天啊！我感應到這位先生有一會兒了。還有點像，是你爸嗎？」

「是的。」

多米尼克坦誠地讓我明白，這些資訊是她的推斷，而不是感知。但正如我之前解釋過的，我不會將這種辨認作為測試中可接受的一部分。

「看到這張照片讓我情緒激動起來。感覺到他呼吸很不順暢。在我一開始跟你說話時，可能就已經開始與他交流了，因為我感到呼吸困難。他有這種問題嗎？」

「有。」

「你爸爸是個有點矛盾的人，可能蠻嚴厲的，但同時又很有幽默感，也非常敏感……情感很豐沛，總之，他差點讓我哭了……」

「一個非常敏感的人」。我父親給人的印象是活在自己的心靈泡泡。但在極少數的情況下，他會允許自己稍微打開心扉，在情感淹沒時表達出來。許多年以前，當時我還是個年輕記者，總是不斷向他請教寫作的建議。當時他從書桌上拿起一本《七星文庫》精裝本的果戈里（Nicolas Gogol）作品，並開始大聲朗讀短篇小說〈外套〉（Le Manteau）中的一段，讓我聽聽其中的音樂感。我們走到他工作室前的陽台，但他唸了幾句後，眼淚很快就讓他讀不下去，因為他被自己正在朗讀的內容深深打動。我永遠不會忘記這一幕。出於這位偉大的俄國作家，其中幾句表達得恰如其分、簡潔而準確的句子，讓我父親的內心湧現這個小說人物阿卡基．阿卡基耶維奇（Akaki Akakievitch）的悲痛。當然，這位俄國作者確實是偉大的作家，但我們依然可以毫無疑問地形容我父親是「敏感的人」。在厚厚的鋼鐵盔甲下，是個情感豐沛的人。

但無論盔甲有多麼厚重，它只能防禦外在，卻絕對無法抵擋住內心深處的翻騰。

「好吧，我知道托馬的事，我也知道這會造成干擾，」多米尼克接著說，「但有一件事是肯定的：他還沒有走出來。他告訴我他還沒有走出來……或許在他內心深處還有些愧疚。不是意外這件事，而是身為父親的內疚，這與托馬的個性有關，你懂嗎？」

「我懂。」

多米尼克知道我弟托馬的死因，差不多就像所有我諮詢過的靈媒都知道這件事。然而，這個事件對她來說或許更有共鳴，因為她自己在同一年也痛失兒子，而她兒子也叫托馬。不過，我注意到有個細節她並不清楚，而亨利也察覺到這點：我弟和我父親的關係。她隨後會再提到這個。

「他非常以自己的孩子為榮，為你們現在的樣子引以為豪。你父親對許多事情感興趣，他周圍有很多東西，有畫作、雕塑，甚至這些東西讓他非常著迷……」

我父親是畫家，而母親是雕刻家。多米尼克似乎在接收許多小訊息的同時，還體驗著與我父親生活相關的感受和情感。彷彿她的通靈具有「**身體感**」，而這種體現非常明顯。

「他健康出問題有一段時間了……他不久前去世的，對吧？」

「對。」

「他的呼吸問題持續很久嗎？只要回答我『是』或『不是』。」

「是的。」

「我感覺這個問題長久以來一直困擾他……我有種窒息的感覺……他同時也是個很熱情的人，我能感受到：他會擁抱別人，拍拍別人的背……」

我父親的心臟問題很早就影響到肺部，在他生命最後幾個月，呼吸非常困難。從這次通靈會談開始，我注意到另一個奇怪的現象：每當多米尼克提到與生病相關的事情，我父親就會引導她到更愉快的感受。為什麼會這樣呢？

「他提到了可可（Coco），他有一隻鸚鵡嗎？可可是什麼？或是克羅克羅（Cloclo）？」

我母親叫克勞德（Claude）。我父親不會叫她克羅克羅，除非有時開玩笑才會用這個綽號叫她。這次會談開始變得很有趣。所以我回答多米尼克：

「應該是克勞德，我母親。」

通靈是從祖先那裡遺傳來的一種能力嗎？多米尼克的祖母是所謂的「睡眠療癒師」。一種類似於治療師或預言家，甚至兩者兼具的人，在那個醫療不像今天這樣普及，看醫生很昂貴的時代，人們會向她求診。他們會帶病人的衣物來找這位勇敢的女人。她隨即會進入昏睡狀態——這也是「睡眠療癒師」這個稱呼的由來——在這段奇特的昏睡狀態中，她會給衣物注入磁場能量，提出診斷並開處方。儘管這個詞彙和這種做法如今已被遺忘，但很明顯的是她孫女很早就展現同等的治療能力和精微的感知力。然而，奇怪的是，沒人告訴她關於那位在她出生前就過世的祖母事蹟，直到晚些時候多米尼克才發現自己擁有這些天賦。

不過在她還是小孩時，她父親曾有過一次嚴重車禍，之後有疼痛的後遺症，於是他經常要多米尼克把手放在他的頭上。年幼的她心想，「他在讓我做什麼？這太荒唐了。」她還是聽從父親的命令，去把手洗好，照著做，儘管她並不完全理解為什麼。有一天，她偶然聽到父母在對話中出現一小句謎樣的話：「多米尼克和媽媽一樣。」她父親完全明白，她繼承了祖母的能力，但這是他唯一一次提起這個話題。他從來沒有和她深入討論過，好像他一輩子都不想讓她知道這件事。

多米尼克長大成人後才終於明白，她父親為何從未鼓勵她發展這種天賦：因為能量療癒師，不是一種職業！這個在鄉下度過部分童年的孤獨的小女孩，不知道為什麼自然而然會去照顧生病或受傷的動物，此後，她的人生似乎朝著更傳統的方向發展。不過不是有句話說，人終究無法逃避自己的人生道路？

進入青少年，拿到高中畢業證書，接著取得歷史地理學士學位後，多米尼克發現自己對教學沒興趣，她停課休息一年，到動物保護協會（SPA）工作。當她看見動物受苦的悲慘，內心深受震撼，她轉攻獸醫助理的認證。就在這時，她的基因終於顯現出來：她投入了療癒工作。

在這些逐漸展現自我的日子裡，愛情來了。她遇見一個男人，不久後生下一個孩子。她先生是從事建築行業的實業家。他完全不了解能量療癒，但他尊重太太的選擇，並沒有阻止她偶爾從事療癒的工作。實際上，並不是他不相信，而是有些害怕。害怕的不是療癒這件事，而是多米尼克的感知力，那些變得越來越敏銳的感受，同時觸及到死亡這個禁忌的話題。我們當中有多少人寧可閉口不談？永遠不談論這個話題？盡可能晚點再想，彷彿它真的不會發生？

否認是人類的天性。人們往往選擇不面對那些讓他們不安的事物，即便這是無法避免的事，特別是當它無法避免時。

先生忙於工作，多米尼克則開始接觸看不見的世界，但他們夫妻不會討論這個話題。至於多米尼克的婆家——其中有好幾位是高級理工學院的畢業生——他們以奇怪的眼光看待她的能量療癒工作。「我想如果我去做阻街女郎，他們的反應也會差不多，他們根本無法理解。」在這種情況下，保持沉默確實是更明智的選擇，而多年來她都是這麼做的。

由於千百種原因，這段婚姻無法持續下去，多米尼克有一天離開這種生活，和這個男人。不久之後，她決定全心全意投入療癒工作，並在聖日耳曼昂萊（Saint-Germain-en-

Laye）開設自己的工作室。當時她二十五歲。

召喚太強烈了。此前，她都是在家中接個案，但開工作室的需求慢慢萌生。為什麼要全職投入這個讓人害怕的職業？一個無法有穩定收入且無法與人多談的行業。因為多米尼克別無選擇，就這麼簡單。更重要的是，當她在療癒並安撫別人時，她感覺非常好。這裡是她的歸屬。

在那段期間，多米尼克在她常去的馬廄那裡遇見了一位腫瘤科醫生。她非常喜歡馬，至今仍在照護牠們。當醫生發現她是能量療癒師時，對她心存懷疑。但隨著他們彼此了解更多以後，有一天這位醫生問多米尼克能否幫他拿掉一顆疣。這是她的專長之一。疣消失了。他們的關係也變得更親近了，並且成為朋友。過了一段時間，在某次交談中，多米尼克看見這位腫瘤科醫生的已故爺爺站在他這位孫子的旁邊。她不知道為什麼，但還是告訴了醫生，而她提供的細節讓醫生感到極度震驚。

不過這些感知卻也讓多米尼克感到困擾。

事實上，在進行能量療癒過程中，對亡者的感知會變得越來越明顯。多米尼克現在經常觀察到，每當她為別人進行療程時，她同時會**接收**到一些訊息、畫面，以及靈光一現的感知。有時甚至有亡者出現。這讓人很尷尬。該如何應對？該做什麼？該說什麼？例如，當有位女士來找她治療帶狀疱疹時，該如何告訴她身後站著一位留著好看的英式鬍鬚、穿著夏威夷襯衫、皮膚黝黑的先生呢？她鼓起勇氣說了，這位女士感到震驚，回應道：「那是我老公，他二十五年前就過世了。」

或許是因為每次多米尼克察覺到亡者出現時，她總能找到合適的措辭？無論如何，當她覺得可以向對方談起這些感知並傳遞亡者的訊息時，這些人往往都會正面回應，甚至是感激這份意外的幫助。尤其是那位年輕女孩，多米尼克看到她身邊有位僅穿著背心的男人。這份感知非常地鮮明，因為它顯得相當具體：一位穿著背心、身處酷熱的男人。多米尼克對自己清晰的感知有信心，便將這個畫面描述給那位年輕女孩，並問她是否知道那是誰。「不，完全不知道！」然而，那位男士自稱是她的父親。多米尼克告訴她這一點。隨後，這位年輕女孩突然意識到：「對，是我父親，沒錯！他在鑄造廠工作。我現在明白他為什麼穿著背心，還有那酷熱。」多米尼克傳遞她所接收到的訊息：男人對一些事十分自責，想要尋求原諒。聽到這些話的年輕女孩痛哭失聲。她很快向多米尼克透露，自己曾經遭受過父親性虐待，而母親對此默許，從來沒有過任何阻止的舉動。這場自然而然發生、完全出乎意料的通靈療程，成為這位年輕女孩解脫的起點，因為在那之前，她的感情生活一塌糊塗，內心承受著長期積累的痛苦。那些未曾說出口的痛苦一直是她沉重的負擔。

像這樣的經歷也會增強多米尼克對自己感知的信心。她覺得自己是對的，她傳遞的訊息是有幫助的。於是有一天——事情已超過二十五年前——她決定停掉能量療癒的工作，專心從事通靈。當時她無法想像自己能同時做能量療癒師和靈媒這兩種工作。在她看來，這會讓人無法信賴，影響她的可信度。現在回頭看，她覺得犯了一個超大錯誤，因為做出這個決定的動機更多是她害怕被誤解，而不是出於能力不足。

儘管她的靈媒工作在那個時代必須對抗很多嚴重偏見，但還是開始慢慢發展了。這是否也算命中註定呢？她會不會其實一直以來都是靈媒？童年的一段記憶似乎印證這一點。在她還很小的時候，多米尼克與照片中的祖母（她從未見過傳說中的睡眠療癒師）。老太太的照片就掛在她父母家牆上的相框裡。多米尼克清楚記得那些有點奇異的時刻，照片中的老婦人從相框裡「**走出來**」，親吻了多米尼克，又**回到了**相框裡。這是早期的通靈感知嗎？多米尼克曾經把這件事告訴她父親，可以說，那就好比是大地在他的腳下開裂了。他原本希望女兒成為律師或教師！然而，祖母的天賦顯然早已在小女孩的基因裡了。

這場通靈會談繼續進行，多米尼克從我父親那裡收到關於我母親（他老婆）越來越詳細的訊息。在這裡我需要澄清一個細節以破除所有的模糊性。我知道，我父親是畫家、母親是雕塑家的這些資訊，每個人在網路上或在我的著作中都查詢得到，但僅止於此。到目前為止，靈媒提供的許多其他細節，根本無法從任何地方找到。除非是我非常親近的家人，而靈媒並非近親。

然而我一邊密切地關注靈媒所說的內容，也會留意這些訊息出現的順序和表達的方式。因而我能觀察到，當那些參與本書測試的靈媒知道與我相關的某些生平資訊時，他們並未隱瞞，就像多米尼克非常坦率地說出，她知道我在托馬去世後的研究和我的著作。她沒有試圖將已知的訊息偽裝成她的感知。如果她這麼做，手法就顯得粗糙了，騙局也很容易被識破。針對這一點，我要補充一下，為這本書進行的測試是在相互信任的氛圍中進行的。就方法而言，我有時非常嚴苛，要求極高。但這並不妨礙彼此間的信任。在這長達數個月的調查過程中，我對所遇到的男女靈媒抱有很大的信任感，就像他們對我的誠信有信心一樣。

那麼，讓我們說清楚：當多米尼克說從我父親那裡得知某些事情時，我知道她不是在演戲，就像書中的其他靈媒一樣。但是，為了讓這個測試保有無可辯駁的客觀性，這裡建議就只確認那些關於我父親的性格、臨終時的細節、他的病情及其喜好的訊息。那不為家庭圈以外的人所知的事情。最後，別忘了，每當我去見這些靈媒時，他們並不知道我的「目標」為何，不知道給他們看的照片是誰，也不知道那是我父親。而最後一個小細節：就是測試我放入棺木裡的物件。而這件事，世上只有一個活人和一個亡者知道：我父親和我。關於這一點，多米尼克給了我一個很大的驚喜。

先讓我們回到會談以及我母親。

「這個女人的大拇指和手有問題嗎？」

「我不確定。」

「好像她的手曾經做很多工作。她在揉捏什麼，我不確定那是不是一種黏土。」

正如我所說，我母親是位雕塑家。她告訴我，她的手沒有特別的疼痛，但她大量使用泥土創作。她雕過石頭和木頭，但她做大量的陶藝工作，現在幾乎只專注於泥土創作。

「你爸爸常常旅行嗎？」

「是的。」

「因為我看到旅行，有點像個冒險家。他的童年過得不太順利嗎？在童年某個時期他感到被遺棄？」

「我不確定。」

「被遺棄的感覺可能是因為父親或母親不在身邊，或是很小就到寄宿學校……」

「我不確定，但這很有趣，如果告訴我一些原本我不知道的事情，而我之後可以驗證的話，那就太好了。」

的確如此。我知道父親是獨生子，但幾週後我和母親討論這次會談時，母親告訴我，她覺得在我父親的童年時期，他父親一定不常在他身邊。此外，由於戰爭爆發及其後德軍占領時期，我父親當時還是個青少年，就獨自到外省生活。其他幾位靈媒也提過這段艱苦的童年。

「你爸爸是個低調保守的人，所有涉及隱私的事情，他會有些難為情。他很快就出現，但有些事情他在世時沒有談過，另一方面，他談起這些事情還是有點困難，這是他的個性使然……幾乎可以說，你母親的家人比他自己的家人更像他的家人。」

這是一個令我相當驚訝的細節，我原本並不知道，後來母親向我證實這一點。我父親曾經對我母親的父母說過：「我終於找到我的家人。」並不是說他不愛自己的父母，而是他發現一個大家庭，也許會比較歡樂、比較簡單……多米尼克繼續說：

「這就像是他被你母親的家人收養，因為這個家庭可能更溫暖、更親切、更友善。」

這很奇特，多米尼克輕鬆地跟我說話，然後她會眼神空洞個幾秒鐘，專心傾聽，隨即立刻傳遞所接收到的訊息，而這種來來回回的過程似乎沒有困擾她。而且，她總會有些身體反應，讓她完全以我父親的方式呼吸，透過深吸一口氣來捕捉空氣。她補充道：「他嘆了口氣……」在那一刻我彷彿看到父親，我的心弦緊扣。

「他在教書嗎？他身邊有很多人，年輕人，他在傳授知識。」

「是的，他以前是老師。」

「啊，是老師嗎？為什麼還有藝術、繪畫和雕塑呢？」

「他以前是畫家，那是他的熱情所在。他的工作是教書。」

我對於多米尼克的精準度仍感到難以置信。不過，事情還沒有結束。

「他的教學和旅行有關嗎？因為他帶我到一些國家……」

「對，他教地理。」

「其實他已筋疲力盡，內心很悲傷。他努力不讓你媽媽發現，但這次離別對他來說是一個重大打擊。」

「這次離別？」

「是托馬的離世。他不了解托馬的性格，他又一次跟我提起這件事。也許應該多聽聽他的心聲，或對他別那麼嚴格。我想，有些事情他沒理解，或者根本沒考慮過……」

正如我之前所說，托馬因為覺得與父親有距離而感到痛苦，甚至有好幾次都強烈表達出來。看到這個細節再次浮現，實在令人驚訝。

「他想談談這件事嗎？」

「在另一個世界裡，他們應該談過了。現在他們好像能互相碰觸……我不知道他們以前是否經常這樣做，因為托馬超級敏感……皮耶或尚－皮耶是誰？」

「是我父親的名字：尚－皮耶。」

這一連串的細節實在讓人驚嘆。不僅僅是我父親的名字讓我震驚，更是關於他和我弟托馬的關係、他的性格、他的情緒狀態……

「你知道，提到托馬的時候，對他來說太過強烈，陷入情感的波動中。他讓我感受到他所有的悲傷……他信任我，因為我也同樣是一個親身經歷過類似情況的母親。感覺他對我真的很好。就像在對我說：『好了，別說了，這樣大家都很傷心，夠了，而且他和我已在另一個世界裡重逢了。』有趣的是，說到托馬，我現在收到一個自由的畫面。你弟弟好像他和我兒子在一起那樣似的。我兒子以前是阿爾卑斯山的獵人，經常滑雪、攀登，非常健壯。現在他們倆在一起，好像在攀登。我看到我們兩家兩個托馬一起攀登……」

事實上，我弟托馬確實是攀登的瘋狂愛好者。我跟多米尼克說，最後這個畫面使我激動，她不禁也對自己捕捉到這幅清晰畫面感到驚訝。多米尼克的兒子在二〇〇一年因白血病去世，正是我弟弟離世那年，正如我之前提過的。他在短短十五天內就被病魔奪去生命。作為母親，怎能想像兒子即將離世？作為靈媒，失去如此親近的人是什麼感受？她有預感這件事嗎？她在跟他交流嗎？

多米尼克現在認為，她內心有個角落自始至終都知道她兒子會早逝。但這種感知當然從未在意識中出現。她說，「否則人會瘋掉的！」只有在回顧過去時她才意識到這一點。從那時起，多米尼克接待許多有過相同處境的母親。雖然這些女人本身不是靈媒，但她們常常與她分享這種非常特別的感覺：「在內心深處，我早已知道。」

除了這種多年後才意識到的預感直覺外，多米尼克覺得自己很幸運地受到保護。她的大腦有點知道這件事，但她從來沒有因為沒人預先通知她而生氣。除了把她逼瘋外，那會改變什麼呢？在這種情況下，她的靈媒能力並沒有讓她成為一個與眾不同的母親。

失去孩子是無盡的、而且無法撫平的痛苦。多米尼克家裡牆上沒有掛任何兒子的照片。她無法看到那些照片，但當她的托馬離世後，她很快地目睹到一些跡象，讓她明白兒子仍然還在。她看到很多徵兆——甚至其中有些她不願多談，因為那聽起來似乎太荒誕了。其中有個特別的徵兆深深烙印在她腦海中。那是三月的某一天，她房間的窗戶大開。當時多米尼克手裡拿著托馬的畫作，並請他給個徵兆，就在那一刻，一隻燕子飛進房間，又立即飛了出去。這個意外讓她深深感動，但更令她震撼的是幾小時後發生的事情：當她前往墓地時，發現托馬的墳墓上……躺著一隻死去，動也不動的燕子。她記得自己當時震驚萬分，整個人被情緒淹沒。

像這樣的共時性在喪親之痛的情況中經常出現，甚至成為很多研究專案的主題，這些研究的結果令人非常訝異[1]。對於經歷共時性的人來說，這種巧合具有非常重要的情感意

1 請參見史岱芬．艾力克斯和保羅．伯恩斯坦（Paul Bernstein）（編），《超自然經驗：臨床手冊》（Expériences extraordinaires: Le manuel clinique），Dunod／InterEditions 出版，二〇一三年。

義，因為在他們看來，這是一種客觀且無可辯駁的證據，證明他們生活中不同的事件或經歷之間有**意義**上的連結，而那並無法用因果關係來解釋。這種微妙的特徵導致一些理性派的人認為，我們想在哪裡看到徵兆，就會在那裡看到，那都是**偶然**發生的。所以，多米尼克向她兒子請求一個徵兆，結果一隻燕子恰好飛進她房間，而當天下午她又在墓地看到一隻死去的燕子，這純屬巧合嗎？當然。但隨著時間推移，即便是最理性的人也會發現，我們的感受和主觀的感知有時會比科學的確認還準。這是我的經歷。事實上，自從我弟弟去世以來，就一直不停地思考，我發現有時以保持理性為藉口，而忽略這麼多的徵兆，其實是不合情理的。

多米尼克的通靈能力有幫助她度過喪子之痛嗎？有的，儘管失去孩子是個永遠無法癒合的傷口。人永遠無法真正接受失去孩子的悲痛。每一年，她都會想像兒子又長了一歲。現在可能結婚了？她自己也許當祖母了？做為母親、做為女人的她，而非靈媒的她。她永遠失去心頭上的一塊肉。話雖如此，當其他母親來找她時，她能理解那些沒有經歷過這種痛苦的人所無法理解的感受。就她而言，她知道自己必須繼續前行，幫助他人，而不能放任自己沉淪。有些女人會崩潰，但這不是她的天性。葬禮那天，人還在震撼之中，她流不出半滴眼淚，完全沒有，她自己甚至都感到尷尬。

不，通靈無法療癒。要記住多米尼克這個重要論點，正如我們在本書結尾時會討論到的，在哀悼歷程中，靈媒諮詢可能帶來一些幫助。然而，她的通靈能力真正幫助她的地方在於，她堅信自己有一天會與兒子重聚。這是她唯一完全確信的事：會再次見到他。有時她也能聽到兒子。這些時刻帶給她極大的平靜。這並不是每天都會發生，遠非如此，而只有在托馬有話要對母親說的時候才會出現。她告訴我，她不喜歡看兒子的照片，因為這些照片帶她回到過去，回到痛苦。然而，當她聽到兒子時，他已經是一個成年人。他成為現在的他。

她說，正因為兒子的支持，以及自己能夠幫助那些經歷喪子之痛的母親，她才得以繼續前行。她拒絕自認是受到不公平待遇的受害者。什麼不公平？上帝的不公平嗎？因為她兒子去世了？不是這樣的。

哀悼歷程中，去找靈媒並不是必要的。然而，如果找靈媒的想法在一個人的心中萌生，就不該壓抑。因為它可以成為極其珍貴的陪伴。多米尼克說，一次諮詢很可能會打開一扇小門，但她也提醒，千萬不要幻想這次會談能解決痛苦：通靈不是神奇的止痛藥。

因此，跟我認識的其他靈媒一樣，她也建議不要過度進行諮詢。每三個月就去一次，其實沒有太大意義。相反的，等待是必要的，這段時間能讓人慢慢建立一種新的關係——一種包含缺席在內的關係。如果只是因為能透過靈媒與亡者溝通，就維持一段人為的、毫無變化的關係，從中期（從數個月到一年）來看，這並沒有真正的療癒作用；甚至可能成為一個人邁向身心平衡的阻礙。

而我們的身心健康與否會影響去世的親友。多米尼克確實多次觀察到，當來找她諮詢的人變得平靜時，他們的已故親友也隨之變得安詳。

通靈諮詢與心理輔導並不會不相容，事實上恰恰相反。只是需要找到不會武斷批評的心理醫生。如果你擔心心理醫生的反應，就不要跟他說。我有個好朋友，他和妻子在孩子過世後去找靈媒，但他不得不隱瞞他的心理醫生。他為此感到痛苦，因為心理醫生和靈媒諮詢兩者對他都有幫助，甚至那次靈媒諮詢可能還救了他一命。

另一項靈媒可能參與的事物，雖然都是跟過世的人有關，但不是那些我們來諮詢與我們親近的亡者，而是那些沒有人會再想起的亡者。所以當多米尼克剛開始從事靈媒工作，在進行一些與亡者連結的溝通時，有些人會請她幫忙解決屋子裡的問題——那些留在屋子裡的靈體所引發的問題，要客氣地請求它們離開。多米尼克從這種經歷中，深信著這些靈體的存在，確實深深困擾人類。舉例來說，人會感到疲憊，會發現有些事情就是莫名其妙發生、運氣不順，等等。這些靈體就像**能量吸血鬼**一樣，汲取住在它們所占據屋裡的活人的能量，儘管這些靈體明明已經不該再待在那裡。這幅相當驚人的畫面，讓人聯想到《靈異第六感》和《神鬼第六感》等知名電影。然而依據多米尼克的描述，這些現象卻是真實存在的。但這些靈體究竟是誰？為什麼它們會留在這些房子裡？

多米尼克經歷過最驚悚的事件之一是發生在離巴黎不遠的奧熱瓦勒（Orgeval）。是一位女士打來的電話，她在伊夫林省（Yvelines）的城市租一間房子，但隱約感覺房子裡有些不對勁。她求助於多米尼克。依據女士的說法，情況甚至變得令人擔憂：家裡的每個成員都會無緣無故摔倒，包括丈夫、女兒和她的母親，母親還說自己經常偏頭痛。當多米尼克前往這間房子時，一進門就被一種特殊的氣氛震懾，她必須坐下來。「我感覺自己快被掏空了。是的，這房子確實有問題。」她回憶道。

從最初的情緒中恢復過來後，她走進房子的內部，突然看見一些小孩的身影。一幅難以形容的景象，對她來說卻有著真實發生事件的撼動力。她問住戶，「房子裡的孩子們發生過什麼事？」不知情的他們答應會去問問。多米尼克接著往前走又看到一口井，在井裡，她發現恐怖的景象……

她太過震驚了，為了不讓住戶更加驚慌，她選擇不告訴他們這個異象。多米尼克回到家時，心裡仍充滿著在那裡感受到的痛苦。她感覺那幢房子曾帶給孩子們巨大的痛苦，極其可怕的苦難。她開始祈禱，對那些孩子說，請離開那個讓他們不安的場所，那裡不是他們的地方。

兩天後，她再次回到這間房子。在此期間，她的個案向一位鄰居打聽消息，那位鄰居在奧熱瓦勒定居的時間比他們更久。他們告訴多米尼克，這間房子曾經收容過來自公立福利機構的孩子。大約在一九五〇年代，這些可憐的孩子在這裡沒有得到充足的食物，也未曾受到良好的照顧，還遭受一名心腸歹毒的女人虐待。這個女人打著收容孩子的名義，卻讓他們過著如同地獄般的生活。除此之外，是否還有孩子在這裡喪命？傳聞是這麼說的。

此刻，多米尼克終於明白了——這股龐大的悲傷已經凝聚成一種痛苦的「集體能量體」（*égrégore*）。這是一種由多人情緒匯聚而成的強大心理能量，它甚至能夠以某種獨立存在的方式顯現，彷彿擁有自己的意志。在奧熱瓦勒的這間屋子裡，這團沉重而揮之不去的能量滲透進牆壁，並與那些仍徘徊於此的小孩的靈魂交織在一起。如果多米尼克看到的異象無誤，那麼她深信，這間房子裡的確有孩子曾在此喪生——有些被丟進井裡，有些則被埋在地下室。那些從未被妥善安葬的孩子，他們的靈魂依然滯留在這裡，因為從來沒有任何愛曾經照亮過他們的世界。

在家中完成一次祈禱後，多米尼克懷著溫柔、善意與愛意對那些孩子們說話。她感覺到——他們離開了。彷彿僅僅是用這樣的方式與他們交談，就足以讓他們明白，他們其實無需再留在這裡。幾句溫柔的話語，帶著一絲愛意，便已足夠讓他們獲得解脫。對多米尼克而言，靈體其實就是一個迷失的靈魂——一個不安適、需要離開的存在。當這個靈魂透過自身的成長，或藉由靈媒的協助，亦或是僅僅因為一個善良的人對它說話，或為它獻上祈禱時，它便能從困境中解脫。自那以後，據現今住在奧熱瓦勒這幢房子的人所說，這間房子恢復了平靜，而那些孩子的靈魂，也終於得到了安息。一件類似的事件發生在利摩日（Limoges）地區的一間大房子。有一天，一對飼養母羊的夫婦請多米尼克幫忙，因為他們發現在一塊剛買來要擴大牧場的土地出現許多奇怪的現象。當母羊在這片土地上時，牠們的行為就變得異常，食慾不振，母羊拋棄小羊，導致有幾隻小羊死了；幾隻母羊也相繼死去。整體而言，沒有人在這片牧場上感到舒服。甚至連機械設備也受到影響：每當拖拉機進到這片土地時，總會不由自主地故障停擺。

當多米尼克與這個地方連結時，她看到僧侶和那些在土地上留下印記的痛苦事件。一問之下，農民才得知在幾個世紀前，那裡曾有一個修道院社區。是個自給自足的龐大社區，他們飼養牲畜、種植穀物，還釀酒。然而，瘟疫摧毀了這個團體，沒有人來救援，所有的僧侶都在極度痛苦中死去。當然，最後一批往生的僧侶可能沒有被安葬。時光流逝，這些靈魂始終不曾離開過這裡。多米尼克解釋，所有目擊者發現的那些異象，可以說是這些靈魂發出的求救信號。為什麼會這樣？如何發生的？她也不知道，但當她一發現這些靈體並了解緣由後，正如她先前為那些孩子們做的事一樣，結合祈禱和提供協助，她讓這些靈體得以解脫。

該如何看待這兩則故事呢？令人困惑的事實是，我不只聽到兩則，多年來我所遇到的靈媒和其他有感應的人，都發生過類似的狀況。他們都得到相同的結論：即使那些無法解釋的現象看起來驚人且令人不安，在絕大多數情況下，這些現象顯示了迷失的靈魂困在自己的恐懼裡，但它們「**並不兇惡**」。那就留給B級片去拍吧。這些靈魂很害怕，需要他人的救援、光以及愛。我也知道靈媒介入的結果，通常都是正向的。

有時這些介入結果甚至非常驚人，有時則是沒什麼效果。這可能是因為介入者的能力不足，也有可能我們面對的是一個江湖騙子。在這個領域跟其他地方一樣，我們既會遇到故意心懷不軌的人，也會遇到沒有明辨是非、自以為在做好事的天真之人。再者，居民的心理狀態也會影響是否能解決「鬧鬼」現象。在某些情況下，甚至可能與居民的心理狀態有關。

當我提到居民的心理狀態時，並不是說那些人杜撰編造或是搞惡作劇。不是，我指的是人類心理有個相當神祕的領域，簡單來說，「**沒有任何事是偶然發生的。**」

總的來說，遊魂、房子和當前的居住者有時會形成一種不可切割的整體。為什麼某一天我們來到某個房子？為什麼我們會被吸引到這裡，而不是別的地方？某些房子在**召喚**我們？為什麼在我們的住所浮現它過去的事件時，似乎與我們自己的過去有許多相似之處？為什麼有些地方明明是第一次踏足，卻感覺十分熟悉？為什麼同樣的事情會發生在某個地方的連續幾任住戶身上？這些問題都在檢視我們與我們身處看不見的世界之間有意識或無意識的連結。這些連結可能有千百種來源：我們的歷史、祖先的歷史、我們的脆弱、缺陷、我們的心理狀況等等。這是科學超心理學以及各種創新心理學派研究了數十年的領域，也是多年來許多超自然經驗研究院（INREES）[2]的心理學家探索的課題，這是個非常吸引人的研究領域。事實是，所觀察到的事物會迫使人們去深思。

回到那些遊蕩的靈魂，如同那些孩子或僧侶的例子，難道在過世幾百年的人當中，還有些人沒有意識到自己已經離世？

此外，我父親是否意識到他自己已往生？

畢竟這是真的：如果死亡不存在，而生命仍然繼續運行，我們要如何知道自己已經死了？我們會不會在死亡中醒來，就像從一場漫長的夢中醒來一樣？或是相反，如同沉入一個永無止盡的夢境裡？在每天死去的人當中，有多少人陷入這種極大的困惑，最終變成了遊魂呢？

多米尼克向我保證，由於現今絕大多數的人都是在醫院去世，臨終過程讓他們有時間去適應這個事實。那些小孩或僧侶的例子屬於極端案例。看來「**死亡的方式決定了我們如何進入死亡**」，而他們的死亡過程顯然不怎麼愉快。我們可以想像，一個被謀殺的人可能

2 超自然經驗研究院（Institut de Recherche sur les Expériences Extraordinaires），請參考www.inrees.com

比一位在床上慢慢逝去的老太太更需要尋求協助以找到安寧。多米尼克提到，在介於生與死的終結狀況，和死亡之後的初步經歷，有某種連續性和相似性。一個糟糕的人生不會因為某種神奇的力量突然帶來死亡時的寧靜。這就是為什麼我們當在生前檢視自己，努力改善自己的缺點，以免到了另一邊世界，這些缺點繼續毒害我們。

然而，我們要避免過於拘泥於字面上的解讀。別忘了有個重點，很多因素是我們無法掌握的。多米尼克也提醒，這個模式並非一成不變。假使在生命、死亡與死後之間似乎存在著某種心理上的延續——這個概念幾乎在世界上許多傳統中都可以找到類似的觀點——那麼多米尼克也曾遇過一些人在經歷痛苦的臨終，卻在過世後立刻感受到光明與平靜。

死亡和生命一樣，本身也是一種救贖、進化與成長的空間。沒有任何事物在任何地方是固定永遠不變的。而且，還有一些幫助我們的生命體。

但若要說死亡有點像人們生前的樣子，但其實又很不同。我們不再有軀體了，但除此還有其他什麼變化呢？死後會變成什麼樣的人？會進入一個與我們活著時相似的世界，並與其他人相遇嗎？對我來說，這些問題對我來說似乎還是遙不可及。如同亨利一樣，多米尼克也認為有不同的「**振動頻率層次**」。依據生前的狀況，我們會進入某個特定的層次。亡者有時會提起一些景象，甚至是非常漂亮的意象，但除此之外呢？死亡是否應該對我們這些在世的人保持隱祕呢？

向多米尼克諮詢的後半部，是我在這些測試中經歷過的最奇特的事件之一。和亨利一樣，我父親在這次會談中展現他的在場，這一點無可否認。然而，他卻遲遲不肯告訴我，放在棺木裡的是什麼，這一點令人費解。這是否與他所處的狀態有關呢？只不過，多米尼克始終與他保持著連結。

「你爸爸是個非常拘謹的人。他讓我看他的呼吸問題、他的拘謹、他的藝術……他也有一點嚴肅。除了旅行之外，他的生活相當規律平穩。他很有條理、正直、誠實可靠。」

是的，以上皆是。但就像與亨利會談的情況一樣，我不明白為什麼我父親不告訴她，我所期待的答案。只要幾句話：我在他的棺木裡放了什麼。他對這件事的沉默是一個謎。為什麼他不自己說出來呢？我認為現在應該謹慎引導多米尼克到我們感興趣的話題上。

「能描述一下他的臨終、葬禮以及這整個過程嗎？」

「他說他的臨終過程很漫長，到了他忍耐的極限。非常痛苦，甚至感覺被撕裂成兩半，因為他要離開妻子，這對他來說是個悲劇。這一點很明確，但是……你父親是一個不善表達的人，我感覺到，一旦觸及敏感話題，他就會阻止我繼續。」

「好吧，但他有話要告訴我。他知道我想說什麼嗎？」

「這會觸及他的拘謹個性嗎？如果會的話，我們可能會陷入困局……」

我感覺我的問題產生了反效果。多米尼克感受到壓力。另一方面，她發現我父親一涉及敏感話題就開始退縮。而問題還沒解決。但最終他還是提到葬禮。

「當時是不是有個樂團，還是……發生了什麼事？他的葬禮有什麼特別的嗎？」

「你感覺到什麼？」

「好像有樂團，或有人為他唱什麼歌……」

「有個人為他吹奏長笛……」

「我感覺有點特別的東西。但每當觸及到情感的部分，他就會把我引向一些更開心的事情：『好了，你們兩個現在都別再搞那些東西了！』」

「但他還是要再給我一些線索，他知道的。我經常跟他提過……」

「如果他願意回答我們，我只是個管道。要是他不願意，我也無能為力……」

「我知道這讓妳有些緊張……」

「你之前做過很多次嗎？」

多米尼克問我，是否找過很多靈媒來和我父親交流。她對其他參與者一無所知，也不了解其他人諮詢的順序。

「是的。」

「老實說，這正是我有點擔心的：當我們多次試圖與亡者溝通時，就算你父親人很好，但到某一刻他們可能會喊停不想繼續。」

「也許吧，但我也感覺到他真的參與了這個過程，我並不覺得自己在強迫他……」

「好吧……」

「他知道這本書有多重要。不僅對我，對那些會讀到它的人也很重要……而且，說實話，我承認我真不明白。從會談一開始，我就看到你們之間有種連結：當妳像他一樣呼吸時，妳描述他的性格和其他細節時……同時，我也有些問題想問他，但感覺如果我問了，會得不到答案。妳覺得，為什麼很難向他提問？」

「因為這不是重點！重點是他告訴我們的事，那些他自然而然透露的內心話：他的臨終和呼吸問題，他的遺憾，以及他為托馬感受的痛苦。你明白嗎？這是他向我們表明自己身分的方式。我理解，現在你有一些對你很重要的提問，我們可以問他，再看著辦囉。他要不要回應，我不能強求……」

「在他入殮時發生一件事，那是我請他留作紀念，請他之後告訴靈媒。這有點像遊戲：「如果死後人的生命仍能存續，當你去世後，要把這件事告訴靈媒……」

「啊，原來如此，那其他人有找到嗎？」

「多米尼克，不要給自己太大壓力。別猶豫，把妳看到的畫面告訴我，即使那些看起來最荒誕的畫面。」

「是啊……說真的，現在有點像是完全沒進展……」

「是妳感知不到，還是妳的緊張情緒在作祟？」

「這有點像陷阱，你明白嗎？我自己設了障礙。你父親讓我陷入這麼深的情感中，現在問題不是我會不會出錯，而是我根本沒看到什麼……沒有具體的話可以傳達給你。」

可能是我表達得不夠清楚，因為多米尼克以為我要讓父親對我說句話。所以我能想像她的緊張情緒，畢竟，即使只是得到一個簡單的詞語有時也很困難。

「也許是妳的情緒讓妳無法讓事情浮現？」

「不……嗯，也許吧，這可能有影響。但你爸爸對我真的很友善，現在我沒有接收到訊息，我想，也許這對他來說不是那麼重要……」

「是不是我要求太多？」

「是的，這正是我要告訴你的。」

「不是針對他，而是對妳？」

「不，我覺得這是跟他有關。你知道嗎，如果他整個過程都講得不夠具體，我會覺得有點困擾。因為在通靈裡，模糊曖昧是不行的。一場好的通靈諮詢，應該要有明確的細節，讓我們能辨識出那位亡者。不能只是說些像『他很好，你爸爸愛你』這種空泛的話。但接下來，就好像有一道界線。我感覺得到，就像有人在閃躲問題一樣。你有注意到嗎？他講到葬禮，然後你問了我一個問題，結果突然什麼都沒了。這不代表『那邊』什麼都不存在，但也許對他來說，那個問題根本不那麼重要。你懂我的意思嗎？」

「我懂，而且我也發現，當我透過妳或其他靈媒跟他溝通時，並不是像以前那樣在跟我爸講話。現在有了新的『參數條件』，我就是在摸索這些，想弄懂這到底是怎麼回事。因為當妳告訴我，對他來說這不重要，我心裡其實還是有點難以相信。」

「對你來說，很重要嗎？」

「對我來說很重要，而且可以了解我父親，我知道對他來說也是如此。但如果妳想，我們可以到此為止……」

「好的，沒問題，但你明白了為什麼作為靈媒，我們很難抓住線索嗎？因為我呢真的很開心跟你爸爸取得連結。」

「對，我也是。」

「我有點遺憾沒有找到那個……但沒關係。謝謝我的尚—皮耶。」

我結束了錄音，我們繼續聊點其他事情。我沒有向多米尼克透露更多內容。就像其他靈媒一樣，她在這次會談後不會得到我更多的回饋。實際上，如同其他靈媒一樣——也同你們一樣——她只有在閱讀這本書時，才會發現這次測試的關鍵所在。

然而，在離開她家之前我嘗試最後一搏，向她透露最後一個細節：

「我沒有要我父親告訴妳一句話，而是我在他的棺木裡放了某些東西，並請求他：『等我去找靈媒時，告訴靈媒是什麼』。」

「我以為你要他告訴我們一句話……」

「我努力說得含蓄一些，不給出太多暗示。」

「是什麼畫出來的東西嗎？」

「這是妳感應到的嗎？」

「一種像漫畫或……筆記簿之類的，我不知道……這是我看到的畫面……」

「描述一下妳看到的東西……」

「一本小孩的筆記簿，或是他讓你讀的東西……是這樣嗎？」

記得我放在棺木裡的是我父親讓我讀的小說《韃靼荒漠》。但是多米尼克也提到一幅畫，一本筆記簿……

「我無法回應妳具體細節。」

「……因為這可能和小孩有關，」她接著說，「這可能和某個東西有關……一本畫畫筆記簿，上課用的筆記簿上有畫圖……」

「現在是怎麼回事？妳看到的是畫面，還是他在跟妳說話？」

「一本書？一幅畫、課堂筆記簿、小筆記本，類似的這種小東西？這是我看到的畫面。

是他發送給我的，如果不是的話，就是他在嘲笑我。」

這是她第一次提到「一本書」。我感覺她正在接近答案，幾乎快猜中了，但在她模糊感知到的事物與她大腦解讀的方式之間，混雜著困惑。這困惑來自她自己，還是來自我父親？因為在這件事情上，我父親在做什麼？他是否再度讓人無法理解他的意思？但別忘了，我放進父親棺木裡的《韃靼荒漠》是口袋版的小書……所以它的尺寸可能讓人聯想到小筆記本。

「為什麼我父親不能直接用他的聲音對妳說話？」

「我所接收到的訊息，可能是透過靈聽（我聽到他的聲音），也可能是透過靈視（他傳給我一個畫面）。此刻，我比較是看到一些畫面。那麼，是他弄錯？還是我們受到干擾？」

「干擾？妳是說什麼？」

「干擾現象。但如果他想來，就會來，我相信他……我不確定是不是一本書，這讓我很煩……我剛才說什麼來著？對，如果他覺得有必要來，就會來。」

又提到書，真是太不可思議了。我很好奇事情會發展成這樣。而且我根本沒幫多米尼克確認她說的是對或錯，她感覺自己在原地打轉，無法專注於她感知到的任何一個線索。

「你爸爸已經告訴我們一些事情了。他非常敏感，也非常友善，所以，如果我找不到你放在他棺木裡的東西，其實也沒什麼關係……」

「沒關係，或許今晚妳就會想起來。」

「哦，我不知道：畫筆、畫紙、顏料條，還有風景畫之類的，就這些了……」

不！為什麼這會現在發生？是在開玩笑嗎？「畫筆、畫紙、顏料條……」我簡直不敢相信！多米尼克用一種非常隨意的口氣說出這些東西，但顯然是「**有人**」剛剛在她耳邊低語提示……我努力不顯露內心的激動。我父親煞費苦心地讓多米尼克的腦海中浮現出一本書的模糊想法，而現在，看似不經意，她說出了「畫筆」、「顏料條」！這並不是在一張有五十個單字的清單上可以隨機對上的字，而是在這個句子裡：「畫筆、畫紙、顏料條……」。

「這是剛剛出現的嗎？妳剛才說這些話時，是在開玩笑嗎？」

「不，是自然出現的……你知道，有時候它就是這樣自然而然來了。有時我會收到非常精確的訊息，這些東西在通靈中一直等不到，結果卻在個案要離開、站在門口時由亡者傳達出來。這個過程不會停止，不會突然斷線。你知道嗎，你父親會在你離開時跟隨著你……」

是的，而且就在我即將結束會談時，他剛好提到我放在他棺木裡四樣物件的其中兩樣！而且是在多米尼克腦海中浮現那本書的畫面後……

回到巴黎，我仍處於震驚之中。

我父親是在跟我玩嗎？還是他與處於緊張狀態的靈媒大腦搏鬥，然後在會談正式結束、多米尼克的緊張情緒減輕時，藉著她放鬆的狀態而順利表達自己？

然而，我卻無法與任何人分享我的震驚。我見了兩位靈媒，而兩位都成功通過測試。雖然不像我預期的那樣進行，但正因如此，我才學到了這麼多東西，不是嗎？我好震撼，感覺我父親就在這裡！我正在經歷的事情實在太不可思議了，真不敢相信。

來吧，爸爸，讓我們繼續？

克莉絲黛兒（Christelle）

克莉絲黛兒・杜波（Christelle Dubois）幾年前和她的小家庭搬到布列塔尼（Bretagne）。她在先生賽巴斯蒂安（Sébastien）位於村莊外的家裡接待我。他們的兩個孩子（一個男孩和一個女孩）在學校。

這是我第一次見到克莉絲黛兒。我們偶爾通信，特別是關於她在圖盧茲（Toulouse）與尚－賈克・夏博尼葉（Jean-Jacques Charbonier）醫師進行的一些實驗，我們曾在《未解之謎》（Inexploré）[1]雜誌上報導過這些實驗，但我們從未見過面。夏博尼葉醫師是一位麻醉師，專門研究「**瀕死經驗**」，曾在醫院接待過她，以測試一位靈媒能否與昏迷中的人建立連結（稍後再談這次不可思議的合作）。在我和克莉絲黛兒透過電話討論這件事時，我感覺她是個理性、很接地氣的人，而且她的做法讓人很放心。

當我踏進她家時，感覺她很開心接待我並參與這次測試，但同時也非常緊張。確實，

1《未解之謎》（Inexploré），第十八期，二〇一三年春季刊。

原本我以為自己多年來一直在研究死亡這個議題，並很熟悉通靈這件事，會讓靈媒感到比較放鬆，更不擔心他們被困住。但事實恰恰相反。他們全都很緊張。

或許我們倆都急於開始，於是很快就展開通靈會談，而賽巴斯蒂安悄悄離開了。接下來的一小時，我不得不承認，我越來越感受到父親的存在。這種感覺真的難以形容，因為這對我來說是全新的感受。我清楚自己內心的期待，渴望這次測試會是第三次成功，而且我也知道這種期待會大大影響我的感受。但事實並非如此。我在這方面非常謹慎，而我「**感覺**」他在這裡。

對我來說，這種新的感受變得越來越客觀，尤其是前兩次測試的正向結果，更強化了這種感覺：我父親確實參與這些實驗。

在我面前，有兩個生命體正試圖進入連結狀態。為了做到這一點，他們雙方都必須付出極大努力。靈媒作為活著的一方，我父親則來自另一個世界。這不是魔法、宗教、信仰或好萊塢的虛構情節。這一切的確是真實的。

如同與多米尼克的會談一樣，一開始我就把父親的照片放在桌上。克莉絲黛兒立即感應到他。

「他戴一頂帽子……帶著很多風景畫。他畫了許多風景畫，色彩豐富。不過，他不是一個人來的。在他身邊還有另一位先生，早已去世很久。這個人非常喜歡旅行，但不一定是身體上的旅行。他所喜愛的旅行特質也表現在文化上……他提到他的妻子……她還在嗎？」

「還在。」

我之前提過，我父親是位畫家，也教地理。對他來說，地球和它的景色是一種純粹的喜悅。他曾多次展開精彩的冒險之旅，尤其在一九五〇年代，他前往了伊朗和阿富汗。後來，在人生的較晚階段，旅行的夢想反而變得比實際的旅程更加重要，也許因為夢想裡少了些失望。他曾坦白地對我們說，隨著年齡增長，那些少年時期曾在地圖集上令他無限神往的地名——像是「中亞」或「塔克拉瑪干沙漠」——即便他成年後親自造訪過，如今看來也不過是某個逝去時代的倒影。那麼，又何必親自前往呢？他是個旅行者沒錯，但「不一定是在身體上旅行」。克莉絲黛兒的這句話讓人驚訝，卻也非常到位。接著，他提到了他的妻子——也就是我母親。

「他說，要好好照顧她。他非常、非常想念她。他就像把手輕輕放在她手上。他遺憾自己沒能讓她安心……好……你最近在想他……這是你爸爸嗎？」

「是的。」

「他告訴我，他的腿在臨終時非常痛。他不喜歡生病，不喜歡老去……他發牢騷，對生命末期有點抱怨。就像他的臨終並非他所想像的那樣。他原本並不是這樣看待生命的結局……他有點失去理智?在生命末期,他已經不太知道自己身在何處,對嗎?他非常堅定地告訴我:『我不喜歡這樣!我不喜歡!』」

大約在他離世前十天,發生一件非常奇怪且對我們所有人來說極為不愉快的事。雖然他因病而疲憊不堪,我父親還是無法順利入睡。照護人員在我們不知情的情況下,出於好意給他服用安眠藥。這顆小小藥丸對我父親造成了極其強烈的致幻效果。到了深夜,他誤以為自己身處危險中,拔掉所有的輸液管和床邊其他設備。為了防止他傷害自己,無法守在他床邊一直看著的護士們將他綁起來。我母親在早晨通知我,我即刻趕到。

太可怕了。

如此睿智、和藹、有禮、學識淵博,一輩子都對人展現極大善意的男人,如今卻被捆在床上,好像是瘋掉的病人那樣。

他的樣子,他那一雙不可置信的眼神,在我腦中揮之不去。

我一進病房,立刻解開他的束縛。鬆開他的手和腳,把那些捆綁的東西扔得遠遠的,向他承諾這種事永遠、永遠不會再發生。他神情有點迷茫地望著我。

即便幾小時過後,他還是難以完全恢復他的神智。就在那一刻,我弟西蒙、母親和我決定分秒都不讓他孤身一人待著。我們決定全天候輪流陪他,特別是夜裡。我們的決心加上照護人員的專業素養，使得這一切可以順利做到。在病房的角落加了一張床墊。以前我和弟弟從未想過我們能像現在這樣，照顧我們的父親。這是一段嚴峻的時期，但對於能參與並履行為人子的責任，我們都感到幸福。我的父親在他的一生中過得如此拘謹，現在將自己的身體託付給我們。我猜他不喜歡在最後幾週感覺身體如此虛弱。所以，沒錯，「在人生的最後時光裡他有些失去理智，不太知道自己在哪裡了」，所有的資訊都完全正確。

不知情的克莉絲黛兒繼續往下說。

「他不喜歡被人當作小孩，他知道那不是故意為之，知道那其中有愛，但他不喜歡這樣。他覺得自己很可笑……他不喜歡自己晚年時的身體……查理（Charlie），你認識叫查理的人嗎？」

「不認識，我回答克莉絲黛兒，有點驚訝話題轉換得如此迅速。」

「他說：『我的查理。』」

「我不知道。」

我不明白這個名字是指誰。我父親的家族裡根本沒有人叫夏爾勒（Charles）或是查理。

「好吧，我不明白他在說什麼，這位先生非常關注自己的過去。他說他跟你很親近，但儘管如此對他來說這並不容易，他出現是因為你強烈地呼喚他，而且你有所期盼。」

克莉絲黛兒捕捉到這些細節的清晰度，令人印象深刻。而現在我父親告訴她，他知道我在等待他的某些回應。這證明他知道我們正在進行的測試。他說這對他來說並不容易，我聽了並沒有過於驚訝。

「但這好像不是他的風格，克莉絲黛兒繼續說道，他現在不太關心自己的人生……呃……他有沒有失去過一個兄弟？」

「沒有，據我所知沒有……」

「因為我感覺他身邊有兩位男士，有一位給我一種感覺像是他的兄弟。對他來說，解決家庭層面的問題很重要，因為以前的情況很複雜。」

好奇怪的問題。我父親是獨子。家裡人都知道，他母親在他出生前曾經流產過好幾次，在懷我父親時她有一段時間臥床。但據我們所知，沒有其他孩子出生過。而且據我所知，家裡也沒有什麼可以被稱為「複雜」的事情。如果我特別留意這個訊息，是因為接下來有個關鍵細節極其令人困惑：在接下來參與測試的三位靈媒中，有兩位也會提起我父親可能有過的這位兄弟。其中一位靈媒甚至還給出了名字：夏爾勒（Charles）。名字與克莉絲黛兒所說的一模一樣！

這種巧合實在是太令人難以置信，我開始埋首於家族的各種調查，而且仍然在進行中。有時候，這樣的經歷會帶我們走上意想不到的道路。到目前為止，我還沒有找到任何證據顯示我的祖父母有生過其他孩子。但讓我感到極度困擾的是，有三位靈媒提到這位可能存在的兄弟。

克莉絲黛兒是有點特別的靈媒。事實上，這位三十三歲的年輕女性從事護理工作。目前她的靈媒和護理兩個工作相輔相成，沒有哪個比較占上風。一隻腳踏在死者那邊——其實她並不喜歡稱他們為「死者」，因為他們並未真正死去——另一隻腳則踩在醫院。聽她講述自己的童年，我感覺就像在聽亨利或多米尼克的故事。

她從很小的時候開始，就會看見有人出現在床邊。這些人出現，然後又像肥皂泡沫一樣消失。她不知道他們是誰，她當時年紀還太小，無法理解自己所看到的東西並**「不正常」**。事實上，就像世界各地成千上萬的其他小男生和小女生一樣，她只是比其他小孩更敏感一些。但這就是她的一部分，沒什麼特別的。甚至是自然到她不覺得有必要和別人談論這件事。

因此，沒有人跟她說其實那些她看到的人已經過世。他們的狀態看起來沒什麼異樣，她並不害怕。這些異象大多在她醒來時出現在房間裡。有人站在床邊，一動也不動，或有時輕輕碰觸她的腳。有時是好幾個身影，有男、有女，也有小孩。常常是同樣的人物反復出現。所有這一切就好像是一場夢，成為她生活的一部分。慢慢長大後，克莉絲黛兒開始聽到過去這些一動也不動、沉默無聲的生命體的聲音。求救的聲音。請她幫忙傳遞出去的訊息。

同樣是在很小的時候，她就許下當護理員或護士的願望。還不到十歲時，她就已經很著迷於醫學技術這個領域。她想像自己可以在加護病房或手術室工作。她喜歡去醫院，不管是去探望生病的祖父，還是其他的原因。

進入青春期以後，她壓抑自己的通靈能力，切斷並推拒自己的感知能力。當時她能夠自然而然地做到，沒有人教她如何進入「不接收」模式。也就是說，即使她接收到訊息或在腦海中聽到聲音，她也不予理會。就像有人在你旁邊說話而你刻意忽略。漸漸的她越來越精通這種技巧，這對她後來進入醫療行業大有幫助。

不要進入內在對話，要設立屏障。當他們在腦海中說話時，就同時自言自語。聽到他們說話時，在內心小聲地說：「你閉嘴，我不想聽」或「對不起，但我無法」。克莉絲黛兒見證，一般來說，到了某個時間點就不會再聽到他們的聲音了。

直到二十四歲她生完女兒，才決定「重新打開」所有的感知。因為在生產過程中，大出血讓她差點喪命。事後她才意識到自己差一點點就經歷一場災難，讓她驚訝的是，在分娩過程中，即使在最糟糕的時刻，仍感到自己「受到**庇護**」。焦慮，甚至疼痛都似乎遠離了她，於是她想表達感謝。對她來說，唯一的方式顯然就是：接收所聽到的聲音，接受自己的通靈感知能力。

一切感知都回來了。而且更好，更能聚精會神。

她仍然選擇護理這條路。從擔任生活助理的臨時工作開始，隨後成為兩個孩子的母親，通過護理員資格考試。她忙於工作和家裡事務，但正如她所說，「一分耕耘，一分收穫」。她先生賽巴斯蒂安也支持她的選擇。至於她的感知能力呢？這也是生活的一部分。有好幾次，他意識到妻子所看到的並不是想像出來的，尤其是當她傳達來自他已故親友的訊息時。

孩子們呢？她避免跟他們談太多這方面的事情，免於被召喚去發展某種敏感度，她希望他們自己親身去體驗超自然的存在。然而，每當有動物去世時，她會藉此讓他們對死亡有所認識，去思考死亡的意義。事實上，我們有能力陪伴一個即將離去的生命。這並不黑暗可怕，而是生活裡的一部分。雖然她會把所有事情告訴她先生——例如在房裡看到的亡者——但她會很小心，絕不在孩子面前提起。

她獲得護理助理的文憑後，第一個工作是去安寧療護病房。在那裡，她見到許多靈體。

在醫院裡，克莉絲黛兒在實習時就已經注意到，自己能「**感受**到」病人。不管他們是活著還是已經過世，當他們進入病房時，她能不看病歷就知道他們的狀況。舉例來說，當她照顧他們或協助他們洗澡時，她的感知能力會更加增強。每當她與病人有身體接觸時，她會深入病人的靈魂裡。

此外，當她值夜班時，環境也更有利於通靈。更少噪音，更少躁動，能量更加柔和。白天的空氣充滿了電力般的緊張氛圍，而夜晚則像是一種對話泡泡，讓通靈更容易感應。夜晚，更容易敞開心靈。

克莉絲黛兒經歷過很多不同的部門，幫別人代班。但她對自己的感知能力總是保持十分低調，儘管有時會不小心露出蛛絲馬跡。克莉絲黛兒在整理遺體時又特別敏感，可能花上兩個小時才完成，而她的同事只需要十分鐘。因為除了必要的工作之外，她很關心她照顧的亡者靈魂：它想說什麼嗎？還需要什麼特別的東西嗎？就像有一天，一位爺爺跟她要他的吊帶和貝雷帽……

這位老人是在半夜去世的。但由於那晚很忙，克莉絲黛兒和她同事有其他病人要照顧，所以無法幫他清理遺體。早上，輪班同事來接班時，克莉絲黛兒告訴日班同事，她一定要為這位長輩梳洗遺體。於是她們兩人一起開始處理這位先生。但日班同事有點煩躁，因為她的一天工作看起來已經很滿，而且才剛上班就得處理遺體梳洗。

當她們兩人忙著照料這位長輩的遺體時，克莉絲黛兒突然聽到亡者對她說：「你別忘了我的吊帶和貝雷帽。」她起初沒怎麼留意，因為正如她說，護理人員有時會自言自語或開玩笑。但那個聲音又出現了：「記得幫我戴上貝雷帽和吊帶。」克莉絲黛兒於是拿起家屬送來衣物的袋子。她不知道裡面裝了什麼。裡頭有一件從乾洗店拿回來的西裝。那個聲音又說了一次：「別忘了吊帶和貝雷帽。」於是她告訴同事她們得找到吊帶和貝雷帽。她同事看著她，沒有特別的反應。「好吧，行，隨妳囉。」當她在西裝下面找到吊帶時，她同事一臉疑惑地看著克莉絲黛兒。老先生穿好衣服後，克莉絲黛兒在袋子底部找到一個小塑料袋，裡面裝著……貝雷帽。這下她的同事驚訝不已。而老先生顯然很高興。

當她同事不安地問道：「妳之前看過袋子裡頭嗎？」——實際上她沒有——克莉絲黛兒沒有真回答，僅僅發出一記大笑迴避了問題。「哦，我再跟妳解釋……」

克莉絲黛兒曾經不小心向另一位同事透露更多內情。又是在一次遺體梳洗時，克莉絲黛兒突然請同事在處理時多加小心。同事反駁道，這不過是個死人。克莉絲黛兒對這種缺乏尊重的態度有些惱火，便向同事透露自己能與亡者交談。最初，同事並沒有任何反應。接下來的幾天她們沒有再談論這件事，直到有一天，她們倆同時經歷相同的現象。當時，一場流感疫情在很短的時間內奪走了幾條人命。那天，在為一位剛剛去世的女士進行遺體梳洗時，亡者在病房內藉由引起一陣強風來表明自己的在場，然而當時所有的門窗都是關閉著的。兩位護理助理這時不約而同地眼泛淚光，彷彿剛剛感受到了一股極為強烈的能量，但又無法確定到底發生了什麼——但克莉絲黛兒是知道的。她同事目瞪口呆地看著她說：「哦，我信你了，我真的相信。你可以跟死者交談！」自此之後，她們變成了朋友。

除了這種時刻外，克莉絲黛兒以護理助理的身分照顧病人，但她並沒有關閉自己的通靈能力。她之於與她共事的工作團隊來說，只是其中一名成員而已，也不會觸及這個話題。

通靈能力對她的工作有幫助嗎？在某些情況下，一定有所幫助。但同時也讓她的工作變得更複雜，因為工作進度因此變得十分緩慢。她承認在照顧臨終病人時，她會花更多時間。她知道他們還在，她希望確保他們感覺良好，即使這意味著她需要在房裡多待十幾分鐘也在所不惜。克莉絲黛兒指出，在護理世界裡，死亡已經變得司空見慣。我們不會花時間談論它，甚至不敢提及。據說必須保持所謂的中立。同時，這種現象很矛盾，因為那些與病人有接觸的護理助理、護理師和醫院服務人員，無論是男是女，都經歷過難以解釋的趣聞軼事。但每個人都保持沉默，閉口不談。沒有人分享這些經常發生的故事。沉默之牆並非無法跨越，但確實築得相當高。

克莉絲黛兒是否有過片刻懷疑？她對自己感知到的現實沒有懷疑。相反的，她花很長的時間在思考如何解釋她的感知。她確信有一件事是對的：不，這不是她的想像力在捉弄她。她一生中無數次的驗證都告訴她，她所感知到的準確訊息並非來自她自己，那位爺爺的吊帶和貝雷帽就是一例。此外，她能「分辨」何時是自己的過度臆測。當她進入通靈狀態時，她感覺大腦已不再受自己掌控。無論她願意與否，訊息都會自動湧入。

有時她會接收到一些與她的價值觀或想法不符的訊息，甚至是與她的性格相悖的內容。還有她聽到卻無法控制的聲音。這不是她內心的想法，這聲音有時候甚至有些特別的語調。舉例來說，當她與一個在生命最後階段接受氣管切除手術的人交流時，她聽到的聲音有時是非常沙啞的，而這個細節是她在事後才得知的。

這可能是心靈感應嗎？在這方面，克莉絲黛兒很熟悉這種感覺，因為她現在用心靈感應與患有阿茲海默症的人交流。所以她很容易區分心靈感應和與亡者交流這兩者的區別。她說，透過心靈感應時，她會在前額部位「**聽到**」訊息，而亡者則是在耳邊或後腦勺對她說話。而且心靈感應並不是真正的聲音，而是畫面，而且不會感受到亡者的能量。在與已故靈體的交流中，克莉絲黛兒說她能感覺到一種特別的能量，那是亡者的能量。在與另一個世界交流時，她會經歷好幾個層次，「能感受這種非常典型的能量，感覺得到有個『**源頭**』。」

但她也發現到，一旦有人在會談中向她提出具體的問題，她會感覺自己切換到理性思維的層次，彷彿墜回到現實世界。這時她必須再次學會如何解放自己，重新回到通靈狀態。然而這並不容易。她「**請求訊息出現**」。她必須保持在穩定的狀態，在內心請求接收到她應該接收到的東西。就像摘下耳機，讓自己處於接收狀態，而她能在瞬間做到這一點。

我還發現在理想的情況下，一旦她進入這種狀態，就幾乎不該問太多問題，而是讓亡者的訊息自然而然地傳達過來。

回到布列塔尼。克莉絲黛兒提到我父親那位神祕的兄弟，但她和**我父親**已經轉向其他的話題。

「他提起在醫院病床上那條從家裡拿來的小羊毛毯。這讓他感到很舒適，讓他感覺極安心……」

托馬去世後，這條毯子是我父母從阿富汗帶回來的。父親很喜歡，我母親就把它帶去醫院。他去世時裹著這條毯子。

「你爸爸提到很多事情，好像我們觸及一個敏感區域，現在他開始講述他的生活細節。因為他不隨便和任何人說話……在世時他應該是很和藹可親的人，但他應該設了一道屏障，別人無法輕易進入他的心靈泡泡……」

這個特徵描述如此準確，同樣的用詞「他的心靈泡泡」，已經是第三次出現了。

「他和你弟弟團聚了。不過，他身邊有第二個人，這個兄弟的概念很重要，對他來說找到這個兄弟也很重要。」

這兄弟又來了？這種堅持讓人感到困惑。

「當妳說看到他們時，實際上看到什麼？」

「我看得到他們。不是像我看到你一樣，你是具體而且真實的，但他們，我能感覺他們在這裡。知道他們在房間裡的哪個角落。『**在我的腦海中**』看到他們。

「可是照片呢？當我拿出來後，你只看了不到三十秒，然後就不再看了。那麼照片有什麼用？」

「幫助我調整對應到他的振動頻率。」

「妳能問問他死後的狀況嗎？」

「很複雜。他很難放下，還有話要說。他的離去就好像……閉上眼睛，不再回來。最後那段日子裡，他沒說上什麼話，這讓他很沮喪，好像沒能說完想說的話。不過他說大家陪伴他很多，受人包圍的感覺讓他更容易接受自己的離世。他說到他離開時，有一個人在場。甚至在他離世之前，廳房裡就有人在那裡，有人陪伴讓他感覺到安心。儘管如此，一開始他的靈魂難以提升，但當他明白，真正重要的不在世間而是在他方時，他才放手。在另一個世界裡他很受歡迎，並提到自己在過渡時的焦慮，對審判的恐懼，帶有一點點宗教色彩，害怕不知道自己要去哪裡……他說有一條寬廣的大道，大家在那裡迎接他。」

這個描述讓我很感動。是的，在他最後的幾週，我們的交流顯得有些拘謹。我們交談了，但是否觸及了真正重要的問題？又該如何開口？父親對於自己臨終時會發生什麼事感到極度不安，這讓他深感恐懼。在他生命最後的時光，他必須學著與這種恐懼共處，但這並不容易。無法入睡的問題尤其是與他內心的巨大恐懼有關，他害怕在夜間離去，再也無法在日出時醒來。

「他很感謝，謝謝你在他離世後為靈魂的陪伴所做的事情。感謝你，因為事情能這樣發生，讓他感到欣慰，彷彿他人還在家裡一樣……」

我父親生命的最後幾個小時，是在六月一個美好的、陽光明媚的星期天。爸爸從前一天就開始昏迷不醒。我和他獨處幾個小時。媽媽回家休息，我弟弟西蒙即將來接替。當時是下午三點四十五分。我注意到爸爸的呼吸變得更微弱了。當時他只能淺淺地微呼吸。我問護士，是否應該叫我媽媽比原定時間還早一點回到醫院。護士回覆，是的，可能要……

他幾乎一動也不動，甚至完全不動了。

通知我媽媽和西蒙後，我跪在床前，臉貼近父親那憔悴的臉。他半閉的雙眼再也睜不開了，他已經進入生命的過渡階段，走上最後的旅程。

他的身體始終不動。

我小心翼翼地握住他的手。我告訴他，再來要做什麼，這樣我的手指碰觸到他的皮膚時，即使是很輕柔的碰觸都不會嚇到他。他正在離開自己的肉身。他的感覺變得微妙，與他的肉身漸行漸遠。我不想透過動作將他拉回來。這需要極大的溫柔、平和、靜默和細緻的動作來完成。

我爸爸正在離去。

然後，我對他輕輕說。時間到了，告訴他，不要害怕，有人在等他。他母親、他父親、他兒子。幾天前我還在思考在那一刻如何幫助他，而現在，這些話自然而然流露。不需思考，一切是那麼自然、自發的，感覺到喜悅。

我不斷地告訴他不要害怕。我跟他說，他所看到和聽到的一切都只是他心靈的想像，只有光才是重要的。我輕聲告訴他，他是個善良的人，是我母親的好丈夫，一切平靜而溫柔，他毋需害怕即將前往的地方。

此時，房間裡充滿了不可思議的能量，一種美好的能量。這是如此強烈、又重要的時刻。這一刻多麼美好，我很高興能在這裡。

而且我「**知道**」他要去哪裡。

這一刻我有的知識或訊息，都不是從書本或是哪個地方學來的。它來自我內心最深處。我全身心都確信是這樣，沐浴在這種對當下正在發生之事的「**理解**」。真是令人驚嘆。這個臨終階段、這樣的轉化是美好的。儘管我們在此分離，但這並不是死亡。即使我們不再相見，生命不會在此終結。此時此刻，一切都顯而易見。強烈、真實、簡單。

生命不會終止。死亡並不存在。

我們正處於解體的時刻。父親的生命正在轉化，正在蛻變，一點一點地從物質中脫離，重新變回光。

我父親正在「**另一個地方重生**」。

這一股能量穿越我的全身。有時，一陣陣巨大的情感波動短暫地撼動了我。我告訴父親，能做他的兒子讓我很快樂和自豪。作為父親，他給了孩子所有重要的東西。我跟這樣一個好人告別。我用那些自然而然湧出的話語陪伴他，不停地反復對他說。告訴他我愛他，一切平靜、安詳、而且靜謐。我用平和的語調對他說。非常小心地不說出任何負面的話，謹慎確保我的語氣和用詞是最恰當、最平靜、最安撫人心的。

我不斷地對他說，他應該已經看到的光。

在這個小時裡，我「**具體地**」感覺到，彷彿他正投入一個充滿情感和能量的漩渦裡，而唯有光，能在這場混亂中穩定他的心靈。我不斷地提醒他，邀請他去尋找這道光，走向它，投入光裡面，讓自己被這光包圍。讓自己在光中漂浮。我一遍又一遍地重複這些話。

母親來了，她走進房間，坐在我原先的位子上，在爸爸的身邊，而我坐在她對面。母親沒有對他說話的時候，我繼續對父親說，斷斷續續地引導。隨後，父親的呼吸變得越來越微弱。然後，他最後的動作，脖子上的微小顫動停止了。

沒有深深的呼氣，沒有意外的動作，沒有聲響……只有越來越微弱的呼吸，在我們無法真正確定的情況下就停止了。沒有肌肉的放鬆，沒有任何的跡象。我把眼鏡放在他嘴前，看看是否有些微的氣息使鏡片起霧。沒有。我摸他的脈搏，這時候才意識到他的心跳已經停止了。

一場難以察覺、如此低調的死亡。

西蒙就在此時進了房間。我們三個人都陪伴在爸爸身邊。剛剛發生了什麼事？為什麼生命明明就在那裡，下一刻就結束了？這真的是一個值得觀察的大謎團，讓人目眩神迷的謎。

我們三個人待在房間裡，圍繞著他那已被遺棄的軀殼。隨著生命的離去，這具身體被凝結在寂靜中。冰冷開始蔓延在他那安詳的臉龐，漸漸地臉色變得蒼白。生命已經離開到他方。

那天是父親節。

當我們開始認真研討這個主題，正如多年來我身為記者的工作要求那樣，我們很快發現生命在死後仍持續運作的概念，而且已遠遠超越如今在科學界的假設。特別是尚－賈克・夏博尼葉（Jean-Jacques Charbonier）醫師長期以來一直有力地在捍衛這個觀點。在得知克莉絲黛兒與陷入昏迷患者的經歷後，他就建議她接受科學方法以檢驗這種能力。

正如我所說，夏博尼葉是圖盧茲（Toulouse）的麻醉科醫師，也是公認的瀕死經驗（EMI: Expériences de Mort Imminente）專家。此外，他也是許多相關主題書籍的作者[2]。多年來，這位醫生不斷向大家解釋，圍繞死亡的這些無法解釋的經驗，尤其是瀕死經驗，它是首要構成客觀的證據，以證明意識——即我們的靈魂、我們的靈體——並不僅僅局限於我們大腦的活動。

換句話說，我們的靈體可以與肉身分離而獨立「**存在**」。因此當大腦死亡時，意識並不會消失；它不會消亡。

這裡所說的並不是一個單打獨鬥的醫生的異想天開的論調，而是一個目前在全球醫學界獲得廣泛共識的科學假設。事實上，前所未有的大量研究與證詞[3]累積——從瀕死經驗[4]到與亡者自然而然的連結，從受控的通靈經驗到對意識的研究——使得唯物主義觀點（認為死亡是所有意識的終結）在科學上已經站不住腳。

讓我們再次強調：死亡並不存在的觀點，在科學上現在已經是個可靠的假設。

透過自身的研究方法，夏博尼葉醫師積極參與這項全球性的研究潮流。與克莉絲黛兒的合作實驗，包括對某些照護人員與醫生有時憑直覺體驗到的現象進行測試：與陷入昏迷或接受全身麻醉患者的交流感覺。克莉絲黛兒對這次的合作充滿信心，因為這是她日常生活中經歷的事情。然而，令人意外的是，這次科學實驗對她來說變得極為吃力。這一天讓她感到精疲力竭，而且比她平時與亡者溝通時耗費更多能量。最令她精疲力竭的是那位昏迷的病人，甚至比她上午成功與兩位接受全身麻醉的病人建立連結時還累。

克莉絲黛兒對尚－賈克帶她去見的這位病人一無所知，只知道是一位已昏迷將近一週的男子，由於已經停用鎮靜劑，他應該會醒來，但事實並非如此。

當她進入加護病房時，克莉絲黛兒有片刻的遲疑。事實上，在這個醫療環境中，她是一名護理助理，所以有短短幾秒鐘她難以自我定位。但隨後她看到病人的靈魂……正在來回踱步，顯然是在煩躁而且憤怒。這種感知將克莉絲黛兒重新帶回她作為靈媒的角色。尚－賈克讓她獨自留在病房裡，沒有提供醫療檔案和任何病人的資訊。

當克莉絲黛兒握住昏迷男子的手時，所有的訊息湧現而來。這名男子告訴她，自己因為「胃部某個東西爆了」而進加護病房。他接著解釋自己喝很多酒，抽菸，也沒有太在意自己的健康，因為他很消沉，對此「毫不在乎」。他的痛苦和性格暴躁都顯而易見。他透露自己的年齡，然後是關於他病情的其他細節，以及他的生活和家庭。一切都斷斷續續傳達過來，但非常精確。最後，他透露自己此刻正處於中風的過程。

十分鐘後，尚－賈克回到病房，克莉絲黛兒跟他轉述所有情況，特別是他正在中風的

---

2 尚－賈克・夏博尼葉（Jean-Jacques Charbonier），《相信來生的七大理由》（Les Sept Bonnes Raisons de croire à l'au-delà），J'ai Lu出版，二〇一四；《醫學面對來生》（La Médecine face à l'au-delà），Trédaniel出版，二〇一〇。

3 《超自然經驗：臨床手冊》（Expériences extraordinaires: Le Manuel clinique），史岱芬・艾力克斯（Stéphane Allix）和保羅・伯恩斯坦（Paul Bernstein）（主編），上述引用。

4 《死亡與否？關於瀕死經驗的最新醫學發現》（Mort ou pas? Les dernières découvertes médicales sur les EMI），皮姆・范・勞美爾（Pim van Lommel），Dunod／InterEditions，二〇一二年。

事。醫生檢查病人的瞳孔，發現他確實正在經歷輕微的神經中風。尚－賈克安撫克莉絲黛兒，這位先生的情況沒有任何異常。醫生對她提供其他醫療資訊的真實性感到震驚，並予以確認。那個「胃部某個東西爆了」在醫學術語中可以解釋成「胃部主動脈破裂」，對你我而言，確實就是「某個東西爆了」。事實證明，所有關於醫療方面的感知都能被手握病歷表的尚－賈克立即驗證，他也感到非常驚訝。最後，關於他的家庭關係，醫生需要特別向病患的姐姐求證。例如她證實了弟弟個性不好，過著放蕩不羈的生活。

這段經歷顯然表明當人們處於深度昏迷時，儘管他們的身體和大腦都沒有任何反應，但依然能聽見並意識到周圍發生的事情。

克莉絲黛兒通常不會與昏迷中的患者進行如此深入的對話。當她值班時，會試著讓自己把心封閉起來，避免太過感同身受，因為這會影響她作為護理人員的工作。這次在圖盧茲的經驗對她而言是第一次。在她的臨床實踐中，當她接近昏迷患者或重症病房的病人時，她主要是透過直覺或突如其來的畫面來感知與患者的連結，這些感知會指引她在患者身邊應該做出的動作。

而她，並非唯一有這樣經歷的人。事實上，即使不是靈媒，許多人都曾體驗過這種直覺的時刻——無論是照護人員還是患者家屬：例如**感覺**應該握住患者的手，或是不由自主地「受到某種驅使」去做某個動作。這是昏迷中的患者在表達自己嗎？事實上，人可以本能地**知道**該做什麼。克莉絲黛兒這番話讓經歷過陪伴父親的我特別有共鳴。

在這種情境下，甚至有些人證實曾聽到有聲音對他們說話。這並不是我的案例，而是發生在夏博尼葉醫生身上，舉例來說，當一位陷入昏迷並插管的病人「**告訴**」他，她快窒息了。她的聲音在醫生的腦海中迴響，醫生沒有置之不理，而是決定聆聽這個聲音。經過檢查，他拯救了她：因她確實正在窒息。

除了這種直覺層面的感覺外，克莉絲黛兒還擁有看得到昏迷病人靈魂的能力。病人躺在床上，她能在他身邊看到一個有點白色的剪影。它可能出現在軀體的旁邊、上方，甚至離軀體更遠之處，比如在醫院的走廊裡流連徘徊。克莉絲黛兒會在這種時候觀察到「**一條銀色的線**」，連結剪影和病人的軀體。在她眼中看來，這條銀線非常清晰，她可以感受到它的能量。對她來說，這是生命尚存最明顯的跡象，也代表著靈魂可能回歸肉身的希望：這時的靈魂以一種略微不透明的白色剪影形式出現。與亡者不同的是，克莉絲黛兒在昏迷病人的靈魂上看不到衣服，只能看到一個剪影。而當昏迷患者處於危急狀態，例如對他施以過度的醫療干預，當已無任何復甦的機會時，那麼靈魂就會變成灰色。對克莉絲黛兒而言，這是一個需要放手的信號。正如她所解釋的，灰色的靈魂表示靈魂想要昇華、離開，代表一切已經結束。相反的，一個略帶白色且微微不透明的靈魂，象徵著生命，表示這個人還有可能回來。

克莉絲黛兒曾有一段時間在加護病房值夜班，目睹過一些極為不尋常的現象。在每個夜裡，光電感應的水龍頭會自行啟動。水龍頭的設計是必須要有人在下方揮手感應，水才會流出。然而，它們卻在無人感應的情況下自行啟動。當時那裡並沒有其他有血有肉的真人。克莉絲黛兒發現，一位住院病人的靈魂會在院裡小散步，玩水龍頭。另一位昏迷病人的靈魂則喜歡在護理人員休息時扯她們的頭髮。

這些經歷讓克莉絲黛兒相信，與其說醫院裡充滿痛苦遊蕩的靈魂，她個人的體驗更傾向於認為，許多昏迷中的靈魂是在玩耍和漫步。她觀察到這些乳白色的形體，仍透過一種銀色的臍帶與軀體相連，這讓她能夠分辨他們與往生者的不同。若有一條線，那是昏迷；若不再有這條線，表示靈魂去了另一邊世界。

然而，昏迷中的靈魂不僅僅是在醫院內小散步。克莉絲黛兒提到，有些靈魂會進入非物質領域，有些則確實不想離開加護病房。這些靈魂不斷向活著的人提出要求，試圖溝通並發出訊息。

其實，在昏迷狀態中的人可能感到非常混亂。事實上，從極度的混亂到最清晰的意識，可以經歷到不同類型的心理狀態。有些人能輕鬆理解發生的事情，有些人會遇見往生者，還有一些人僅僅只是經歷片刻的這種精神狀態。但無論如何，靈媒提醒我們，他們並不孤單，有亡者或指引者守護他們。

在我們繼續通靈會談的過程，父親開始提起他的葬禮。

「沒有辦一場一般的告別式嗎？」克莉絲黛兒問了我。

「請他描述一下吧。」

「這不是一般的告別式。儀式中有一些特別的安排，他提到飛翔，就像有人幫助他展翅飛翔……外頭有鳥兒在歌唱，就像大自然開始正要甦醒。他感觸很深刻……」

母親、西蒙和我一起籌畫他的葬禮。我們三個人都堅持儀式必須在家裡舉行。我父親的棺木停放在外面的地毯上，全家和到場的朋友則坐在他工作室前的陽台上。從早晨開始，烏雲就讓我們感到憂心，但在儀式進行時，陽光乍現，整個過程伴隨著鳥兒的歌聲。

「他向我展示他在棺木裡的穿著打扮……說他覺得自己很帥，是你母親盡全力讓他變得好看。這讓他與自己的身體和解，這對他來說很重要。因為在生命的最後，他不喜歡自己的身體。他感謝你母親為他所付出的一切，因為她全心全意投入，這對他來說是莫大的安慰。他說：『我無比感謝她，謝謝她真心為我付出的這份充滿愛意的舉動。』他還提到戒指。對此他也想說，謝謝把戒指留給他。但他讓我看到，有一刻似乎有人想拿走戒指，但最後還是讓戒指留在他身上……」

媽媽希望父親能帶著他的戒指下葬。當我們一起為他更衣準備入殮時，她將戒指戴在他的手指。但後來我建議媽媽先把戒指取下來，等到最後一刻再給他戴上。她照做了。

「他說：『謝謝，這樣比較好。』還補充說，有一些屬於他的物品被拿走，但有一件特別的東西留下來，這對他很重要……他提到……哦，是指他在『棺木』裡的時候。『告訴他們，我深愛他們。即使有時我未能達到他們的期望，請告訴他們，我現在很好，我非常愛他們……』」

我注意到爸爸先是提到他的棺木，以及留在裡面的重要東西。他完全是自發的說出來。「他非常在意某樣留在人世間的東西，需要有人延續或傳承下去。這是一件讓他感到困擾的物件，你有什麼想問他的嗎？」

他到底想說什麼呢？父親寫過一本小書，內容是關於繪畫對他的意義。他以前委託我出版這本書，我還在處理中。是這件事嗎？還是關於測試的物件？

「到底是什麼物件？」我問克莉絲黛兒。

「是一件物品……不，應該是多件物品。與他生前常做的一些事情有關，常常做的工作，像是繪畫或類似的東西。他給我看一些粉筆……突然大笑。他說：『我知道這是物質層面的東西，但你只想問這個。』好像他必須給你看一些實物。他提到有件事還等著，一個答案還沒出現……我不確定，他說他正在盡力，有聽到你對他說的一切。他突然大笑，因為他說有時候他真的無能為力……還說：當談到你的時候，『有時他覺得很沮喪』。因為有些事情你期望很高，但他未必能給你。事事並非都那麼簡單，另一邊世界的事情更是複雜。」

我驚訝無比。此時，克莉絲黛兒並不知道我正期待從父親那裡得到一則明確的訊息。但如果他能告訴她這麼多事情，為什麼不能乾脆直接提供物件的清單呢？「事事並非都那麼簡單，另一邊世界的事情更是複雜」，對此我毫無疑問。但如果他有能力說出這些話，應該也能給出清單，不是嗎？這真是難以理解。

「他跟你說：『不要放棄。』我感覺他很急，好像他沒有時間一樣……他快速說出這些事情……他非常在意一些具體的東西。你向他要求過一些實質的東西嗎？他需要展現這些實體，他給我看許多畫面、許多玩意兒……」

「請描述這些畫面給我。」

因陪伴過無數人走向生命的終點，克莉絲黛兒對於一個人離開這個世界的那一刻已經非常熟悉。身兼醫療照護者和靈媒的雙重經歷，讓她擁有相當完整的專業能力。

在生命的盡頭，臨終的人會進入一種泡泡，他們的能量開始改變，而任何靠近的人都會進入這個泡泡。因此，在接近臨終者前，一定要先打聲招呼，因為這是臨終者的私領域，若是未經預先告知便進入，可能會帶來不好的感受。即使，尤其是在他失去意識的情況下。對於我們做的任何事情，都應事先告知對方：無論是離開房間，還是留下來。如果需要觸摸他，無論是進行護理照護還是單純的撫摸，事先打聲招呼是非常重要的行為，比如說：「我要摸摸你，會把我的手放在你的手臂上……」

有些臨終者可能不好意思在親友面前離世，寧願獨自死去。這是屬於他們個人的時刻，是十分私密的，有時他們不希望與他人分享。也許這也是因為他們希望保護我們，保護他們的家人。因為在生命的最後時刻，身體可能會有蠻顯著的變化：呼吸變得急促而不規律，臉頰凹陷，而那些沒有閉上眼睛的人，眼神變得空洞……

一般來說，在最後幾分鐘，當離別時刻即將來臨，克莉絲黛兒觀察到一種全然的平靜。無論之前曾有過怎樣的恐懼或擔憂，這一刻都已消散。而且，臨終者或許早在數天前，就已經隱約看見等待他們的世界？克莉絲黛兒曾多次注意到，臨終者常常凝視房間裡某個定點，目光彷彿凝視著「空無之境」。實際上，他們看到的往往是光，或是已故親友。克莉絲黛兒最近有個老先生的案例，他說他看到已故妻子坐在他床邊的椅子。她比他早走六個月，這讓他感到安心，儘管他並不完全理解她來做什麼。他沒有意識到她是來接他的，她就在那裡，那麼自然的。

克莉絲黛兒用一個詞來形容她在臨終過程中觀察到的現象，她稱之為「靈魂的延續」。她意識到自己觀察到此一事實，從字面上來「**理解**」，生命並沒有停止此一事實，對她的工作有極大幫助。此外，身為一個十分富有同理心的人，如果沒有通靈能力，她會完全無法確定自己是否能繼續從事這份如此艱難的職業。能看到靈魂的延續，見證死亡時刻發生的一切——能量的流動、已故者在另一邊世界的行動、指引靈的出現，整個天體宇宙都動起來要迎接即將離世的人——讓死亡有了另一種層次的意義。

當病房的氛圍開始改變以及死亡臨近時，克莉絲黛兒都能感覺得到。振動頻率改變了。目前尚無法解釋這種現象，但許多克莉絲黛兒的護理同事也能感覺到這種變化。例如，可能在身上表現起雞皮疙瘩。人會感覺像被輕輕搖晃著，像被某種東西包覆，有一股新的能量，這些都是振動頻率改變影響房間的跡象。然後靈魂開始脫離，能量層則往上提升。這時候房間裡的人可能會突然失控地大哭。當然，這一刻的強烈情感可以解釋這種突然的情緒爆發，但也可能是環境能量的改變對身體產生的影響。

我個人也能見證這種情況。在我與父親說話時，當時距離他離世前不到一小時，突然爆發的情緒席捲了我，讓我失聲痛哭。但這並不是因為難過、痛苦或悲傷，而是一種強烈的感受，像波浪般湧來，撼動我的**身體**，既強烈又有力。一種純粹的能量。

克莉絲黛兒說這種現象會發生在天界能量與地界能量交融的時候。一種像漩渦的東西打開，一條通道、一條隧道降臨到房間。隧道中有不同的能量在流動，包括指引靈和亡者的靈魂。當它們不在房間裡等待時，就會在隧道中來回穿梭。克莉絲黛兒曾經進入一個病房，發現裡頭有十幾位來自「**天界**」的靈體，正等待躺在床上慢慢消逝的親友。

這段通道、這個過渡空間、這條隧道，有具體的存在感。無論是在醫院，還是在意外或突然離世的情況下，克莉絲黛兒能看到它，她一直都看得到。

無論一個人是以什麼方式離世（疾病、事故等），過世後最初幾個小時都是關鍵時刻。對於靈魂來說，剛剛經歷的事情是很感人的。在某種意義上，靈魂依然與它的肉身有所連結，儘管這副身軀已沒有任何作用了。

靈魂需要處於一種平靜的狀態，而對塵世肉身的處理方式也很重要。正因如此，克莉絲黛兒對遺體整理非常重視。在剛進入另一邊世界的這幾個小時，靈魂需要理解自己現在所處的位置，而且它剛剛進入另一邊世界。

和靈魂說話，對它幫助很大。

克莉絲黛兒提醒我們，法國的法律並未禁止家屬親自為亡者整理遺體，法律對此是允許的。照護者可能會拒絕，但你們應該明白他們拒絕是濫用職權，你有法律支持可以提出請求。照護者的職責是確認你的心理狀態能否承擔這件事，而非武斷地禁止你。

在醫院和殯儀館，都是如此。

從殯葬業者的角度來看，他們也可能會反對，並提出各種理由勸阻，因為讓家屬參與會增加他們的工作負擔，而且和醫院一樣，他們不想處理這些事情。

然而克莉絲黛兒也強調：為了避免在這樣沉重的時刻，因無法處理這些事情而感到內疚，其實僅僅只是和亡者說說話的舉動，就是非常好的陪伴了。重要的是要謹記這一點，不要因為病房需要迅速騰空，或遺體必須盡快移送至冷藏室，就覺得摯愛之人的靈魂過渡將變得不可能。無論是說出聲還是在心裡說，我們都可以和亡者說話，他們能聽見。告訴他正在發生什麼事，提醒他將要前往的地方很好，鼓勵他解放自己。

克莉絲黛兒解釋，依據她的感知，在另一邊世界，亡者會面對不同的振動頻率層次和不同的領域。新到的靈魂會經歷一個像再生的領域，在那裡會恢復能量。除此之外，她沒有太多的推測。無論我們對這個過程有什麼想法或直覺，這依然只是基於我們身為活著的世人的推測和感受。

另一邊，是一個更精微的世界。

在那裡，也有這些振動頻率層次和階級。人們談到「源頭」。有些人環繞著源頭，有些則遠離。源頭是什麼？或許正是那些經歷過瀕死經驗的無數男女所描述的，那道傳說中的光……

通靈會談進入尾聲。父親自然而然地跟克莉絲黛兒說，他知道我期待他做什麼。他補充說，他正在盡力，但這對他來說似乎並不容易。確實如此。但為什麼會困難呢？為什麼他不能直接說出我藏在他棺木裡的物件名稱呢？克莉絲黛兒說，他話說得很快，向她展現許多實物，很多畫面……

「請跟我描述一下這些畫面。」

「主要是一些用來擺放東西的小木盒……長條形、滑動式的那種。裡面裝著鉛筆、許多粉筆、蠟筆和許多色彩繽紛的東西。他還展示……有關帽子的事情……還有年代久遠的地圖。這些物件對他來說非常珍貴，他讓我看很多東西。」

「告訴我，他給妳看什麼物件。」

「除了剛剛說的那些，還有一個大書櫃，有書、百科全書，還有一些關於世界的書籍。還展示他的書桌，那是屬於他自己的角落。那裡還有他的東西，一些文件……他說這很正常：『有文件是正常的，很正常。』……然後他展示棺木……哦，我不喜歡這樣。」

「什麼？」

「我不喜歡別人給我看棺木……這讓他發笑……但我不覺得好玩……」

這讓爸爸笑了，而我卻笑不出來。我感覺他就在那裡，圍繞著我們轉來轉去，無法完全捕捉到克莉絲黛兒的思緒。她給人一種被大量畫面淹沒、無法理清頭緒的印象。

「不要自我設限，」我對她說道，「把所有妳看到的畫面都描述給我。」

「他向我展示放在棺木裡的一些木製品，非常重要而且是屬於他的一部分。這不是一張照片，而是一個真正實質的東西。他展示許多木盒子，真的很多很多，用來擺放東西。許多小物件，看起來像粉筆、管狀物，還有許多粉彩顏料，都是柔和的顏色……他有點生氣了，他不開心。我無法完全理解他想表達什麼……」

這太不可思議了！對我來說這一切如此清晰：我正在見證父親努力向我們傳遞有關那些物件的訊息。讓我們總結一下：他已經讓克莉絲黛兒明白，我期待他提供放在棺木裡的物件資訊，而這些物件代表著他的生命。他讓人看到一個可以存放顏料的小盒子畫面。他提到顏料的「管子」，也提到書，特別是那些「關於世界的書」。這讓我感到煩躁，就像是在玩一種只能透過模仿讓隊友猜物品名稱的遊戲。只是，這次的模仿者是一個去世一年多的人。依據克莉絲黛兒的說法，他甚至開始有些生氣。

「回到剛剛稍早……他提到棺木裡的布。他說：『布料。』好……在鞋子的位置有什麼東西，呃……哦好吧，他展示了一些細節，但我們似乎沒那麼在意。」

我不禁在心裡大聲吶喊：「喔，不可能，我們哪有不在意！」

「他給我看很多棺木裡的東西。有白色的東西，白色的布。他非常在意布料，給我展示許多畫面……」

「什麼畫面呢？」

「白色的布料……事實上，在腳的部位有什麼東西，我無法確定。有很多白色的布，好像他被一塊布覆蓋著，說實話……當無法清晰接收訊息時，我不想靠自己的思維推測……我不說了，因為接下來會像是我在編故事。我看不清，但感覺這對他來說很重要，棺木的內部……總之，他把它叫做『盒子』……」

我再度提示這些物件放在……覆蓋我父親大體的白布下面。為了確保沒有人會不小心看到，我將它們放在腿邊，深藏在白布下面。

正在發生的事情非常有趣，但有些地方不太對勁。這是克莉絲黛兒第一次意識到，也許問題出在她身上。總之，雖然有些東西不通，但也有很多能順利傳達：他的病情、頭暈的感覺、性格、他的執著和不耐煩。她確實與我父親有連結。她捕捉到他的意圖，但顯然也受到他的執著所影響。是的，棺木裡的東西很重要。克莉絲黛兒已經明白這一點：「可以看出他想更準確地指出一些東西」，這些東西就在白布下面，在他腳的附近……該如何讓她放鬆下來呢？明明目標就在眼前，卻還是差那麼一點點，真讓人無奈……

「妳感覺他在那裡嗎？他還在嗎？」

「有，他在這裡，但狀態有些不穩定。你弟弟也在。」

「我們可以回到妳剛才看到的那些畫面嗎？」

「那些是一些畫面，一些感覺，一件特別的物品，它非常重要，和家庭有關的東西。然而，每次當我想深入了解時，因為我害怕，就會被卡住，思緒開始干擾我，結果我什麼都看不到。一旦我開始用思維推測，就會感到非常緊張。我知道這讓整個過程卡住，也讓他生氣。他在那邊咕噥，而我因此自亂陣腳……這讓他更煩躁……」

「事實上，我請他跟我說，我在他的棺木裡放了什麼東西。」

「哦，天哪……我只能說這麼多了。」

「但他給妳看了什麼？」

「一個盒子，某種木製的東西。長而細的東西……不是拐杖，比那小……」某種長而細的東西，像拐杖但比拐杖小。一支畫筆？克莉絲黛兒沒有明說，但這或許是最好的描述……

「你讓我專注在這個方向，我得不到更多訊息了。」

「這樣做不對嗎？」

「問題是，當我專注於這些，我就開始用思維推測。」

「我以為我是在幫妳集中注意力。」

「不是。」

「我以為這會讓妳放鬆一點。」

「並不會。我很清楚這件事情和棺木有關，因為他展示給我看。你父親明白這個代碼，但我看不到。」

「但為什麼他不能直接告訴妳，比如說：焦糖棒糖（Carambar）這樣的東西？」
「因為這並不容易。」
「為什麼不容易？」
「我不知道。」
「那為什麼妳不知道？」
「有人跟你說過你很煩嗎？（笑）這種情況在通靈中經常發生。如果從某種角度來看，他們其實是想讓你完成你自己的功課？也許，在另一個世界，他們希望我們能走自己的路？去反思……」
「對，但眼下，我不是在尋求對我個人人生的任何建議……我和他有個約定。」
「我知道你們有個約定，因為他一再提到這件事，但這是你給他的任務。而這真的是他在另一個世界的使命嗎？」
「我了解他，那是我父親。」
「的確，從剛才他就一直不斷展示這個畫面。我意識到這讓他惱怒，因為他真的希望這些訊息能被傳達……」
「難處是在你們之間的溝通嗎？」
「是的，對他們來說，降低到我們的層次並傳遞訊息並不容易，就像我們靈媒要提高振動頻率去接觸他們一樣困難。有時候他們不得不再進一步降低自己的頻率，好比說我們感覺到疲憊時。很多因素都可能干擾這個過程。」

「好吧，我們就到這裡吧？」

「好，就到這裡……那些色彩真是太美了，太震撼了，我從未見過這麼多色彩。」

「那他還在嗎？」

「在。」

「你怎麼感覺他在？」

「我知道他在。」

「在妳右邊嗎？」

「沒錯。我感覺得到他，只要我想看他，就能看到。但當我不想再看時，就什麼都看不到了。我已經學會如何掌控這種能力。」

「那他還在等嗎？」

「對，還在等，他們都還在。是他們自己判斷需要和我們共度的時間長短。」

「他什麼也沒說？」

「沒說話，他等著，雙手放在背後……」

「好吧，那我們跟他說再見囉？」

「好的，但他還會留下來……他離開多久了？」

「一年半。」

「我想也是。是一種新生的能量。」

「有沒有可能因此他難以表達事情？」

「是的，有可能。也許他的振動頻率還不夠強到讓我理解，況且我現在也有些累了，很難提升自己的頻率與他對接。確實，時間或許也有影響。一年半，在天界的時間宛如昨天。」

我內心受到衝擊。

感覺自己剛剛和靈界玩了一場**猜猜畫畫**（*Pictionary*）的遊戲。在過去的一小時裡，我父親在克莉絲黛兒的腦海裡畫了許多圖像，試圖讓她理解在他棺木裡藏有物件，並一一指出來。這次的通靈經驗充滿啟發。在我看來，這場測試極具說服力，即使從嚴格的標準來看，它並未完全成功。

對我來說，最珍貴的是能看到我父親和我之間那種超自然的默契依然存在。即使他已離世，這份默契依然留存。

皮耶（Pierre）

皮耶．尤納斯（Pierre Yonas）住在巴黎第十四區南邊的小街上。和以前一樣，每次與靈媒見面前，我都高聲向父親說話。這個街區在清晨此時顯得空蕩蕩。我一邊走，一邊再次請求父親多費些心力，跟靈媒說藏在棺木裡的東西。我不知道他會用什麼方式做，也不知道這對他來說意味著什麼，我明白這並不那麼容易，即使我不完全明白原因。

事實上，我不知道父親現在在**哪裡**。

不知道時間對他是否還有影響，他是否還是我認識的那個人。不知道他現在在做什麼，他的樣子如何，以及他所處的世界又是什麼模樣。

事實上，除了知道他依然以某種形式「**活著**」以外，我什麼都不知道。

你可能會說，這已經很不錯了。我知道人死後有某種形式的生命。但除此之外，我發現自己的疑問比以前更多。而死亡依舊籠罩在「**那道巨大的迷霧之牆**」後，神祕莫測。

當我走靠近皮耶家時，我再度高聲列舉放入父親棺木裡的物件清單。我特別強調，如果他無法說出所有的物件，我希望他至少能提到《韃靼荒漠》那本書和指南針。我知道，這不是最容易的。

多年前，我在拍攝《超自然的調查》（Enquêtes extraordinaires）[1]紀錄片系列期間，認識了皮耶，紀錄片是由我在M6頻道主持。皮耶是靈媒，同時也是治療師和預言家。他能輕鬆兼顧這三重身分，並展現出色的能力。因為了解他的實力，我對他充滿信心，但同時我仍不免感到些許擔憂。最近，我有機會體會到情感因素和靈媒的壓力很容易干擾一場通靈會談。除此之外，還有一些更難以捉摸的因素。

沒錯，與亡者溝通並沒有那麼簡單。真的希望皮耶和我父親能夠成功地交流。

皮耶是由法國地方衛生與社會事務局（DDASS）撫養長大的小孩。他母親當年還未滿法定年齡，是一名滿懷夢想並渴望自由的少女，受駐紮在法國的一名美國士兵誘惑。她懷孕了，結果士兵在服役期結束後返回美國。在皮耶出生後二十六天，這位尚未成年的母親自感無法獨自承擔養育孩子的責任，遺棄了他。

然而，皮耶從未有過被遺棄的困擾。他是一個對事物感受極為敏銳的人。對他來說，這種感受是身體層面的，而且他一直有一種很深的直覺，相信自己選擇了投生，選擇了自己的母親，甚至在她低語自己的名字。他也始終清楚自己人生的方向。在這方面，他沒有怨恨，也沒有絲毫不滿。他總是勇往直前，擁有極其堅強的性格。無論是外表體格強壯還是內心堅定，皮耶都算是個結實的人。他有運動員的體魄和寬闊的肩膀。然而他會抱怨嗎？從來不會。被遺棄的問題是別人對他投射出來的想像。「我決定出生在此，選擇這位將離我而去的母親，但我會與她重逢。」

今天他已經四十九歲。

這個孩子很早就被送到寄養家庭，他的行為舉止和說話方式都**與眾不同**。他會指著一個完全陌生人的身體某個部位，說：「那裡痛痛……」當人們發現那位先生在孩子所指的部位真的有健康問題時，都驚訝無比。這種事發生一次，純屬巧合，但如果發生了好多次，很快就會讓他身邊的人感到不自在。

除了這些令人眼花撩亂的直覺外，還有幻覺。這個特徵顯示為靈媒童年時期的一種普遍現象。皮耶記得當別人來探望他的養父母，比如他父親的朋友在週日來下注賽馬的三連彩，他會看到他們對話裡提到的那些朋友，以及一位女士、一個小孩，甚至是一位爺爺跟在這些人之後進來。他看得見他們就像他看得見其他人一樣，但他留意到他們出現在那裡時，沒有人跟他們說半句話。這件事，當時他還無法理解。

那時期沒有什麼會干擾他的感覺。皮耶是個孩子，像一隻純真的動物，一腳踏在靈界，

1《超自然的調查》（Enquêtes extraordinaires）紀錄片系列，第一季和第二季，同前所引。

另一腳踏在這個現實時空裡，因此能看見往生者。也正因此，沒有人與那些亡者說話：因為其他人根本看不見他們。

我之前提到，皮耶現在從事三種對他來說密不可分的工作：治療師、預言家和靈媒。在他提供的療癒服務中，他接待過許多孩子。其中有很多小孩告訴過他，坦承自己能看到房間裡有個先生，或是看到已故的祖母。他承認，像他自己童年的這種感知能力，並不那麼罕見。我們每個人在童年時期都曾擁有過這樣的能力，只是強度不同而已。從小就接納這些感知，可以讓感知能力更容易開展。接納，有助於建立更為純淨的連結。

然而恐懼往往成為接納的障礙，無論是我們自己的恐懼，還是周遭的人或是父母的恐懼。皮耶小時候必須獨自面對這個看不見的世界。一開始這讓人極度害怕，因為這些異象會在他毫無準備的情況下出現，不論是白天還是夜晚，隨時可能出現。他只能默默承受。讓他留下最恐懼的記憶的，大概是發現除了他本人，沒有其他人能看到他所看見的一切。

「為什麼？我有什麼不對勁嗎？」

當他坐在籃球場邊的長椅，這種感知可能會是他突然看見了一位亡者。或是當他躲在棉被裡，感覺到有人就在那裡，偷偷看了一眼，卻發現自己與不住在家裡的一位女士或先生的臉面對面互望著。還有一次，他到一位朋友家做客，那位朋友的祖父住在鄉下，擁有一些馬兒。當皮耶在戶外時，他看到遠處有一位騎馬的女孩。但隨著女孩和自己距離越來越靠近，她就變得越來越透明，一到他面前時，只剩下馬，騎馬的人卻消失了。當他告訴那位祖父自己剛剛所看到的景象，並描述女孩的外貌時，祖父臉色發白，激動地說：「那是我六十年前去世的妹妹」……

皮耶在整個童年和青春期初始的那些年裡，一直有種被注視的感覺，好像他從來不曾真正一人獨處過，片刻都沒有。無法向任何人傾訴，也給了他一種撕裂般的痛楚。他的養父母是虔誠的天主教徒，並不相信靈體的存在，怎可能跟他們談這些事？對於住在鄉下的人，這樣的話題也不是他們生活中的一部分。

皮耶選擇了沉默，獨自面對。

如同亨利（Henry Vignaud）一樣，對於經歷的事情，他一直到了青春期才得到相應的解釋。那是一場與來自光的生命體的相遇。

一次相遇改變了一切。

亡者的靈魂與來自光但尚未投胎的生命體之間，有著巨大差異：一方面亡者的靈魂可能讓人感到不安，另一方面，當來自光的生命體出現，皮耶會立刻感受到信任與平靜。一切變得清晰透明，恐懼隨之消失。

皮耶當時十六歲。他在法國南部的馬蒂格（Martigues）度假，住在他同為領養的姊妹家裡。他躺在床上，突然被某種東西喚醒。他睜開眼睛，發現眼前有一個生命體似乎填滿整個房間，如此巨大而令人印象深刻。皮耶動彈不得。那個生命體非常高大，也許有兩公尺高。皮耶記得自己當時完全清醒，睜開眼睛後轉過頭，就在那一刻，他看到這個實體。從看到的那一刻起，皮耶再無法動彈，既不能轉頭，身體也動不了。出現在他面前的這個生命體擁有人類的形體，但他無法辨認其臉孔，手也看不清。這個生命體散發出耀眼的白光，但矛盾的是，這沒有讓皮耶感到刺眼。

接下來發生的事情更令人震驚了。

這個光體靠近了。皮耶注意到它的手臂末端延伸出異常修長的手指，宛如尖刺。整體而言，它彷彿是一個能量體，手臂的末稍呈細長狀。手臂的末端呈金色，而它整個身體則是純粹的白色。它向前靠近，舉起手臂，把手臂末稍放在皮耶身上，動作彷彿針灸師一般，它停留在皮耶身上的不同部位，施加點狀接觸。皮耶原以為會感到刺痛，然而相反的，他驚奇地發現自己完全沒有疼痛感。事實上，這個來自光的生命體所做的舉動，甚至帶來一種愉悅的感受。

皮耶僵住了，陷入一種無法形容的震驚狀態裡。他的情緒在此刻被放大到極致。他無法動彈，幾乎要休克，但同時又感到安心且充滿自信。在一種本能反應下，當他感覺到的緊張感讓他能夠極為緩慢地恢復行動時，他試圖用腳踢開這個光體。他麻木的腿花了很長時間才做出反應。隨後，他終於成功抬起腿，碰觸到那個光體。他感到一股撞擊和阻力，幾乎在同一瞬間，這個光體伴隨著刺耳的聲響，穿過房間的牆壁消失了。

聲響吵醒了皮耶的姊姊和她丈夫。他們把這一切歸咎於一場惡夢。

剛剛發生什麼事？從小到大獨自面對的這些經歷，讓皮耶的反應逐漸遠離他的感知。這些感知太不可控、太具侵略性。他無法接受這樣的生活。他不想成為靈媒，也不想擁有這些「**工具**」、「**知識**」和「**能力**」。

然而，來自光的這個生命體，要來重新開啟他的這些能力。

皮耶現在解釋，認識自己的能力如同接受一項使命：為亡者打開一扇門。而他也在這個方向得到指引。

在二十三歲那年，他決定放棄原本預定的運動職業生涯，投身於療癒工作。與此同時，他的通靈能力也開始顯現出來，因為他總是看到亡者出現在個案身邊。對他來說，通靈所需要的能量與他身為治療師所運用的能量是一致的。

但是，能量究竟是什麼？

皮耶在他位於一樓的小公寓內接待個案。兩間溫馨的房間，正如這位用玩笑方式邀請我進屋的男人一樣，散發溫暖的氣息。他看起來很放鬆，那就太好了。與其他靈媒一樣，皮耶對測試的內容一無所知。即使所有約見的靈媒都猜到，我並不是平白無故邀請他們進行這場通靈訪談，他們以為自己只是在進行一場普通的諮詢，目的是展現他們工作的方式。然而，這場對話才是我們討論的重點。在這個階段，我沒有對他們使用「測試」這個詞。

我坐在他客廳的長沙發上，把父親的照片放在矮几上，簡單地說明，我希望與這位先生交流。皮耶拿起照片，握在手裡，用大拇指輕輕滑過父親的臉。

「看起來他離世是最近的事。非常近，大約兩年前？」

「是的。」

「他提到呼吸道和窒息的問題。我感覺到肺部受壓迫。胸腔卡住了，是這樣嗎？」

「對的。」

「他走路慢慢的。像需要有人扶著他，他在顫抖。」

「是的。」

「這些呼吸道問題……我感到肺氣腫，當我想到他時，就有這種感覺，是這樣嗎？」

「是的。」

皮耶看起來似乎立即與他連結了。我父親多年來有心臟功能不全的症狀，這確實是引起他肺部的問題：肺氣腫。從診斷出肺氣腫開始，他的健康狀況就每下愈況。

「這位先生很有個性。」

「沒錯。」

「非常有個性，但也很沉默，像是一個知道如何保持沉默的人……這些都是與你們倆相對應的能量。他是你的家人嗎？」

「是的。」

「他擁有的所有那些書很有趣。好多書……歷史的，總是和歷史有關。他總是沉浸在歷史中，是個不尋常的人。」

「是嗎？」

「他喜歡歷史，十分熱衷。尤其是某個時期的歷史，應該說……一位父親……是你父親嗎？」

「是的。」

「在他身邊有一個人非常喜歡與軍事相關的事物嗎？」

「什麼意思？」

「與軍事相關的歷史，在他家族中……軍隊，軍事……不是他自己，而是家中有這樣的人。」

「有的。」

「他有軍人的氣質，來自軍隊的特質。這總之和他的家族歷史緊密相連……」

「是的。」

我曾祖父是巴黎綜合理工學院畢業生的兒子，而且他本人也是該校的畢業生。曾祖父曾經在軍隊的工兵部隊中服役，官至上尉，但後來離開了軍隊。此外，我父親有幾個叔叔伯伯也都是軍人。更不用說那些在第一次世界大戰期間被徵召入伍的人，比如他自己的父親路易（Louis），腳在戰爭中受傷。除此之外，我父親對歷史的濃厚興趣使他熱衷於研究偉大的軍事人物和過去我們的動盪年代。例如，他認為《戰爭與和平》是有史以來最偉大的書，毫不誇張地說，他至少讀了四十多遍。

「他是個有原則、有文化、受過深厚教育的人……就好像他經歷過某些重大的事情，使他對生命的價值觀變得堅定……有時甚至過於執著。他有過行走方面的問題嗎？」

「能說得具體一點嗎？」

「比如說他一條腿有過什麼問題。」

「什麼時候？」

「在他年紀較大的時候。」

「有的。」

正如我之前提過，隨著父親的健康狀況每下愈況，腿就開始折騰他。在最後一段時間，當他想走路時，我弟或我必須幫忙扶著他。

「好比說他得彎腰，拱背……讓他疲累不堪。」

「是的。」

「他講了一個和火車有關的故事。和鐵路、火車、某些與運輸相關的事情……」

「這樣說很含糊不清。」

「對，但有很多人上火車。他做為旁觀者……這對他影響很深，那時他還小。就好像是他經歷過戰爭一樣。」

「確實如此，是的。」

「他見過很多可怕的事情……但他對此保持緘默，沒有告訴你們。他對我說：『說了也沒用』。」

「他這樣對你說？」

「是的……『說了也沒用』。他不是那種會重提往事的人……過去的都過去了。當時他還很年輕……。」

這段話讓我想起一段小插曲。已不記得當時是怎麼談到那個話題，但在我們兩人獨處時，父親告訴我，他唯一一次拒絕與一個男人握手的事情。實際上是兩個男人。那是戰後許久，有兩個前納粹黨衛軍與他們一位熟人有業務往來。在得知他們的過往事情後，他拒絕和他們打招呼。父親平時待人和善，所以這個舉動對父親來說似乎非常重要。你也知道，我父親很少被情緒左右，但談到這件事，他熱淚盈眶。他跟我透露一些關於被德軍占領時期的記憶片段，那些讓他對這兩名納粹黨衛軍產生如此深仇大恨的畫面：那些被送往集中營的男人、女人——「甚至還有小孩，你能想像嗎？」——隨後他沉默了，因為過於激動而無法往下說。

「在他旁邊有一個黑髮男子，很年輕就去世了。他說：『像兄弟一樣。』他年輕時失去過兄弟嗎？」

「這我無法回答你。」

「一個深色頭髮男子。」

「我無法告訴你。」

「他復述：『像兄弟一樣』。」

「他能說點更具體的細節嗎？」

「我感覺是一個叫做夏洛（Charlot）的男生，或類似的名字。夏爾勒（Charles），你對這個名字沒有一點印象嗎？」

「沒有。」

「你可以去查查……好像是個隱藏的兄弟。說這是祕密，不為人知的事情……」

「我不清楚。」

我沒告訴皮耶，但我感到困惑不解。這已經是第二次出現這個「隱藏的兄弟」的說法了，而且和克莉絲黛兒（Christelle Dubois）提到的名字一模一樣：夏爾勒。我們跟母親聊過這件事，但她完全沒有印象。我父親自己大概也不知道這件事吧。我無法想像，如果他知道，卻不告訴我們或他妻子。這是個謎。如今家裡再也沒有還活著的人能幫我們揭開謎團。該怎麼辦？如果父親有個叫夏爾勒的密友就好了，可以把他當作親兄弟一樣，但是沒有，他身邊沒有人叫夏爾勒。一個也沒有。會不會是我祖母在父親出生前流產的胎兒之一？要怎麼知道？有一天我會找到這個故事的真相嗎？

皮耶從很小就觀察到一個現象。隨著歲月流逝，他理解到，一個看似隨機的細節，實際上卻展現出系統性的規律。

那些向他顯現的亡者不會說話。

而那些跟他交談的亡者則不會顯現。

從無例外。在所有以可見的肉體形象出現在他面前的亡者中，沒有任何一個對他說過話。他見過他們微笑或是悲傷，但他們始終保持一動也不動，不發一語。此外，這些顯現的形象總是以最佳的狀態出現。他從未見過傷痕累累、血淋淋或是其他恐怖的畫面，無論這些人去世時的情況如何——我們可以再一次將這些畫面留給電影。而那些保持隱形的亡者，如同此刻的我父親，他們將**話語**傳入他的腦海，或以影像呈現自己的外貌、死亡方式，以及無數其他片段。然而他們依舊無形，始終不被看見。

對皮耶而言，這與能量有關。亡者所使用的能量，是用來讓自己顯現、構築出一個能被我們視覺感知的「身體」。這樣的能量消耗極大，以至於他們幾乎無法再做其他事，只能在我們這個世界中投射出影像。相對的，那些能開口說話的亡者，則沒有足夠的能量或力量，能在說話的同時也讓自己顯形。

一切都是能量，一切都是振動。

能量是一把鑰匙，開啟了通往靈界的大門，也使得與亡者的交流成為可能。

他們要從自己所在的世界進入這裡——我們這個物質世界，充滿各種干擾與阻礙——他們需要大量能量。皮耶以一場旅程來比喻這個過渡：他們必須穿越一個充滿障礙的現實世界，處處得閃避：負面念頭、其他靈魂的干擾、電流、地磁波動……所有這些物質性的因素，都帶來干擾性的振動。

對皮耶來說，情況也是如此。他也需要能量讓自己穿透進入亡者的訊息。例如，當他拿起我父親的照片，握在手中並用手指撫摸照片時，他說他嘗試讓自己處於一種最簡單、最本能的能量狀態，以**轉換層次**。讓自己進入一種能將他帶往他方的振動頻率。一張照片就是光，一種精微的能量，一座「**橋樑**」。

真的，在觀察皮耶時，可以感覺那種原始的動物能量超越他身體的極限。感受到他隨時準備好蓄勢待發，也很容易想像他那種本能反應能迅速啟動。

他說，思考得越少，他感應得越好。

思考是感知的毒藥，問得越多，感知就越模糊。

在他拿起照片時，會瞬間放空思緒，進入一種嘗試讓自己盡可能放空和平靜的狀態。為了達到這種境界，他會忘記自己是誰、自己的個性、自己會做什麼，忘掉所有學過的東西。他將這種狀態比喻成短暫失憶，只持續一秒或頂多數秒。從那時起，在身體開始出現一些新的感知。有點像他在場，但又不在那裡。於是他的意識轉換了，就像一根天線可以接收訊號，他感覺有些東西「**進入體內**」。在他意識的空白螢幕上，浮現一些外來的片段。一些性格特徵如閃現般湧現，彷彿一些陌生而突如其來的拼圖碎片。這些是亡者的特徵，他們非常巧妙地融入皮耶的腦海，開始與他交流。此時，他感知到那是什麼樣的人。這些與皮耶無關的性格特徵，就像疊影一樣覆蓋在他自己的性格特徵上。在整個通靈過程中，他會逐步讓另一個人格占據自己的意識。即使這看起來像附身，但事實並非如此。皮耶進一步說明這個過程為「改變形貌」(transfiguration)。在這種狀態下，他能聽到一些話語，接收到片段式的影像、畫面、氣味，甚至是身體上的感受。

亡者藉由皮耶的大腦與他溝通，並滲透進他的意識，對他產生影響。兩個靈魂，在極短的時間裡共用一個身體。這就是祕密所在。

這種滲透的機制取決於亡者的能量，為了建立連結，亡者試圖與皮耶的能量**融合**。這也解釋了為什麼有些溝通很精確，然而有些則不太準確。因為這項技巧需要練習，雙方都要練習。而大部分的因素，取決於意識能量是否能自然靈活的交流——皮耶不喜歡說他在與死者交談。什麼死者？他們在另一邊世界還活著呢，因而他更偏愛使用「意識能量」這個詞。

所以，如果亡者的靈魂對這種能量掌握得不好，或者因為死亡過後沒多久，靈魂尚未適應，那麼它就無法達成清晰、準確的同步。必須尋得一個恰當的平衡點，最細緻的引導線。改變形貌越是粗糙，亡者和皮耶共享的交流區域就越粗糙、越模糊，傳遞的訊息也就越不精確。於是交流就會變得模擬兩可，而提供的細節就會模糊不清。在這種情況下，靈媒需要辨別訊息的真偽，而這也正是錯誤和誤解可能發生的地方。想像一下，兩個人在嘴巴前隔了幾條手帕的對話情況。

所以我們理解：與亡者交流顯然不是一般尋常的對話。這裡有個更貼切的說法，為了促進彼此「**知識**」的分享，需要亡者與靈媒之間達到一種交互融合的連結。

接下來令我非常驚訝的是，皮耶是第二位可以感應我父親的舅舅之靈媒，保羅舅公於一九一五年二月期間在前線失蹤。皮耶覺得非常冷，這是戰爭的氣息，甚至有種置身於戰時的感覺。接著會發生什麼呢？寒冷，突然籠罩皮耶。這種感覺是來自於保羅舅公的靈體傳遞給皮耶並與他融為一體，目的是讓我關注亡者想要傳達的那個年代。這些訊息是透過身體感覺的方式傳達，而皮耶身為靈媒，會用他的話語將這些感覺表達出來。保羅回到他死亡的那一刻，在他皮膚上的寒冷**記憶**越來越清晰，而這種感覺立即傳遞給皮耶，使他的皮膚也感到寒顫，彷彿在那一刻他的皮膚就是保羅的。是的，「**兩個靈魂共存於一個身體**」。

但不僅如此，皮耶感覺靈體來了。感覺房間裡的氛圍變了，感到有某種可觸摸的東西正**降臨**在他身上。是具體可以觸摸的東西。他的思考瞬間停了，所有的事情都同時湧入：連結、畫面、生平資訊，還有那些連他都不知道的確切細節。一般來說，亡者的死亡方式是非常明確的，因為這是他們記得的最後一件事。他們會從結局開始，然後倒敘他們的生命軌跡。就像一部倒帶的影片，而靈媒的任務就是將這些片段重新整理。

當我不斷地催促皮耶試圖描述他內心的感受，他再次提到那種原始的動物本能。在通靈中，為了建立這些連結，他說自己會變回小孩。他提醒，我們每個人內心都還有一個小孩。一個本能強大的孩子，能感受一切，吸收所有別人的感受。而成人則擁有原則、知識、期待以及日常生活。一般來說，成人知道自己每個行為以及最細微舉止的動機為何。毫無意外，也沒有不確定的事。對成人來說，一切都是非常有意識的。而通靈能力則邀請我們找回孩童時代的無意識狀態。什麼都不期待，什麼都不預測，什麼都不假設。完全敞開去吸收一切。就像動物完全吸收來自環境中的一切：訊息、威脅等等。我們稱之為動物的「生存本能」，實際上是動物運用巨大的能量來**了解**周圍的一切。自然而然，「**無需思考**」。

當皮耶以療癒師身分接待個案時，他那種像貓科動物的特質讓人很讚嘆。他能立刻感覺個案的弱點，就會直接針對問題所在，因為他能看見受損的器官或是身體部位。他進入的那個弱點或裂縫，是一個靜止畫面，就像X光片一樣。接著他便開始嘗試處理相關的健康問題。

「直覺」、「第六感」、「通靈能力」這些詞語都用來描述同一種狀態，就是大腦完全放鬆，變得全然地本能，完全開放以接收「**訊息**」。英國生物學家魯珀特．謝德瑞克（Rupert Sheldrake）在這個主題發表過傑出的著作，顯示在自然界觀察到的行為中，意識具有主導作用[2]。

但在這種情境下，如何在放鬆的同時，依然能辨別我們的想像力和真實的感知呢？對皮耶來說，想像力與我們經歷過或已知的事物有關，而感知則將我們帶入未知領域。在訊息進入他的意識時，他能同時感受到。皮耶坦承，困難之處在於要理解這些感知，必須透過他自身經歷和生命歷程的篩選再詮釋。因此，要從事這個職業，必須非常穩固地扎根。承擔「**傳遞訊息**」的責任，需要性格非常穩定且精神健全，因為他說出的每句話對聽者來說，都具有建設或摧毀的力量。

人類能在不知不覺中感知自己生活中所處的各種能量：來自地面和磁場世界的能量、宇宙的能量等等。我們每個人都是一個感應器。如果我們沒有意識到這一點，如果我們沒有認清自己是誰以及我們的潛能是什麼，就會一直處於「**感知混亂**」的狀態。

從我們開始會談以來，皮耶展現的情況並不混亂。他真是讓人驚豔。在他小小兩房的公寓裡，通靈持續著。談完有關家庭、戰爭和過去的所有細節之後，我父親開始談自己的生活。

「為什麼我聽到和磨坊有關的訊息？」

「我不知道……也許是因為那是他住的地方吧。」

「他住在磨坊裡嗎？」

「不，但那個地方就叫這個名字。」

我父母住在鄉下，在一個叫「風車磨坊」（Le Moulin à vent）的地方。

「他跟我說了很多書……他對很多事情都感興趣嗎？好像他一直渴望學習。像個研究者……總是博學多聞。想了解事情，是為了先有心理準備以免措手不及。」

---

2 魯珀特・謝德瑞克（Rupert Sheldrake）的著作，《重新喚醒科學的魅力》（Réenchanter la science），Albin Michel，二〇一三；《自然的靈魂》（L'Âme de la nature），Albin Michel，二〇〇一。

「確實如此。」

「是的，這位先生性格很強，不是那麼平易近人。」

「沒錯。」

「但他算是願意跟別人討論。不過當他封閉自己，就真的關起來……他對靈魂在死後是否繼續存在有疑惑嗎？」

「什麼意思？」

「這並不是他所相信的事情。但他喜歡發問，想了解這些話題……傳授，他喜歡傳授。」

「是的。」

「因為他是個傳授知識的人，培養別人，是這樣嗎？」

「是的。」

「那是他的工作，不是嗎？這是我所聽到的。我看到他手裡拿著一支筆，是鋼筆。他喜歡學習，追求新知。是培育他人的人，小學老師，教授。」

「是的。」

「是他的熱情所在……」

我父親非常熱愛他的教職工作，許多他以前的學生至今仍對他在高中文科預科班的歷史地理課印象深刻。此外，繪畫和寫作也是他的心頭好。我從他那兒學會了寫作。

「一個名字中有L，像是呂西安（Lucien）或路易（Louis），你對這有印象嗎？」

「是的，他父親叫路易。」

「他父親，好喔。他父親的性格蠻粗魯的？他和父親之間似乎有種疏離感……他父親有鬍子嗎？」

「有，記得他應該有。」

「他在他父親背後……和父親的關係好像少了些什麼。他們好像不怎麼親近，好像他父親常常不在。他應該感覺到這種匱乏之感。他想念他父親，很奇怪……他從來沒有說過嗎？」

「沒有，沒特別說過。」

「或許有一段你不知道他的人生階段，發生在他十五到二十五歲時。一段比較混亂的時期……他話不多，這位先生不太願意談論自己的事。」

依據認識我祖父路易的人說，他人很和善，同時又令人印象深刻。他給人的第一印象或許有點冷漠，顯得疏離，而這種態度很可能與他因戰爭傷害帶來的長期痛苦有關。我母親與我祖母聊起時認為，路易可能沒有像個父親那樣陪伴他兒子，他唯一的兒子。有件令人不安的事，正好呼應了皮耶此刻捕捉到的訊息：我父親在九歲時就不再跟母親傾訴心事。他變得沉默，把自己封閉起來，不再分享自己的任何感受。從九歲時便如此。

「他是那種可以談任何話題的人，情感上卻不會敞開心扉。他有超敏感的情感，但一輩子都在壓抑這種情感。他也會衝動嗎？」

「會，確實是這樣。」

「那種爆發式的衝動，甚至有點激烈？」

「是的。」

「他內心有怒火嗎？」

「我不知道……」

「他是個好人，但內心有怒火。就像他把所有的怨恨都吞回肚子？」

「是的……」

「他是不是有一根手指受過傷？」

「我不知道……」

當我和母親一起仔細解讀這次與皮耶的通靈訪談紀錄時，她跟我提起一段小插曲：在一次憤怒的情緒爆發中，我父親一拳打在牆上……結果弄斷了手指。皮耶提到我父親「爆發式的衝動，有點激烈」並隨即提到「手指受傷」，這實在令人驚訝。畢竟，我父親並不是那種經常表現出這類情緒爆發的人。他並不是個暴力的人。他會發脾氣嗎？會的，但像這樣的憤怒爆發，只發生過一次。

在我依然沒有提供更多細節的情況下，過去的事情似乎透過這位舅公的形象再度浮現，而之前的靈媒亨利已經提過這位舅公。

「他有一位舅舅或表親消失了嗎？」

「消失？意思是？」

「不在了，但怎麼不在的就不清楚了。」

「是的。」

「是很久以前的事。」

「是的，但你有更多細節嗎？」

「他很久以前就離世了。」

「啊，是嗎？」

「這不是一場意外，你明白嗎？」

「呃，嗯……」

「他是被殺的。感覺像是謀殺……暗殺吧……但他也有一把槍……我看到他穿著某種服裝，到處都是泥巴……」

「是的。」

「厚外套，因為天很冷，這讓你想到什麼嗎？」

「有的。」

「然後就在那時……嘭，我看到一道閃光。」

「啊，是嗎？」

「有很多聲響，讓你想到了什麼嗎？」

「我有想到，是的。」

「一場戰爭，戰壕，一九一四年的戰爭……」

「是的。」

「我看到一個人。是家人嗎？」

「是的。」

「那不是他的父親吧……是一個兄弟，一個……」

「是他舅舅。」

「是他舅舅？對，我剛才說『舅舅』……」

的確，皮耶一開始就問我是否「有個舅舅或表親失蹤了」，這讓我想起一些事。再次讓我感到震驚的是，皮耶所提到的細節顯然是他完全不可能知道的事。更令人驚訝的是，這是我父親的舅舅第二次在測試中出現在靈媒面前。他是在出戰時失蹤的，皮耶看到他拿著槍，身處泥濘，他很冷，穿著一件大衣……這些描述並不奇怪，因為他是在一九一五年二月十八日失蹤的。

怎麼解釋同一個人會出現在不同的靈媒面前呢？最簡單的答案可能是：因為他們在那裡，和我父親在一起。

「他很喜歡這個人。他不見得真的認識他，也不常看到他，但他很欣賞他，那是他的英雄。你明白我的意思嗎？」

「明白。」

我父親並不認識保羅舅公，因為保羅在他出生前已離世十二年。但這位舅公在家族史上有特殊地位。而且，保羅舅公也是畫家，這或許更加深與我父親在心靈上的連結。如果說有人天生適合上戰場的話，他根本不是為戰爭而生的人。他的死亡對他的小妹莉絲（我祖母）來說，是極為痛苦的傷害。

「他們待在一起。生命的延續是存在的，這就是他想表達的……有趣的事，這好比像是他找回了自己的童年，以及一些失去聯繫的人。有人被俘虜過嗎？」

「我不清楚。也許吧。」

「第一次世界大戰？聽起來像是一些戰爭事件。是的，當然就在一九一四到一九一八年。我看到一些馬，還有類似的東西。我看到這個畫面，但顏色不太一樣，有著比較蒼白的能量……」

「啊，是嗎？」

「這個男人應該受了傷，因為我看到一位戴護士臂章的金髮女人……這個男人受過傷嗎？」

「呃……我想到有個受過傷的男人，是的。」

「是這樣吧……一九一四到一九一八年？」

「是的。」

「不是祖父嗎？」

「我祖父嗎？」

「是的，是你祖父，因為他告訴我：『是祖父。』」

「是的。」

「你祖父的身體有切除什麼嗎？」

「腳的部位。」

「啊，是的，一根腳趾。在右腳嗎？」

「我不清楚。」

「我看到他已經過世，但這也太奇怪了。他不是挺過來了？」

「呃，可能是吧。」

「他是撐過來了，但他的樣子就好像已經死了，好像這件事從內心深處摧毀了他。」某種程度上，確實是如此。這次的腳傷讓他一輩子都殘廢了。那時他才二十歲，就在砲兵團歷經戰爭前線的恐怖場景，結果卻因為一枚砲彈而永久殘廢。但他當過俘虜嗎？這我不清楚。

截至目前，我父親只有一次未經提示傳遞出一個重要訊息，說他的棺木裡有東西。而且是在與克莉絲黛兒靈媒交流時發生的，即便如此，她也沒能說出那些物件的確切名稱。我非常清楚父親在溝通上的困難，但他為什麼不能更輕鬆地表達有些東西被藏起來呢？這對我來說仍然是個深感疑惑的問題。是他沒想過要這麼說嗎？還是他心不在焉？又或者，他其實知道，但寧可先透露其他的訊息？當我們死亡時，我們的身體會有什麼變化？皮耶提出極有啟發性的假設。

「皮耶，你知道人在死亡的那一刻會發生什麼嗎？我們會變成什麼？讓我們想像一下，如果我心臟病發作，倒下了，會發生什麼事？」

「嗯，一開始你察覺不到。你還處於目前進行中的訪談。」

「啊，是嗎？那我現在甚至可能已經死了！」我笑著大叫。

「晚點我再告訴你……不，你別擔心。我想說的是，如果此刻你突然心臟病發作，你會繼續進行訪談而不自知。當你察覺到自己與身體脫節時，你才會在某個時候明白自己已經死了。你會突然從上方看到自己，還會看到我正在對你做心肺復甦按壓。」

「嗚……」

「如果你的死亡是突然發生的，你是察覺不到的。但過一段時間再看到自己的軀體，可能會幫助你意識到死亡。」

「但即使看到自己的軀體，我還是無法明白呢？可能會這樣嗎？那又會怎麼樣？」

「是的，有可能。這就是為什麼在以前戰場上有很多亡魂在遊蕩，他們會問：『我到底在這裡幹什麼？』他們可能從一九一四年就待在那裡。他們全都死了，但沒有人告訴他們，而因此被困在這種不明就裡的狀態，沒有意識到自身周圍發生的變化。當有一天有人跟他們連結，並提醒他們已經不再有軀體了，也不需要繼續待在那裡了，這會讓他們解脫。」

「但如果是這樣，街上應該有一堆這樣的人在遊蕩吧！」

「是的，一堆。不過，與其說是在街上，不如說更多是在田野間。在那些發生戰爭和屠殺的地方，在人們毫無準備就突然死亡的地方。」

「那如果是在醫院死去呢？」

「在那裡的死亡是可預期的事，我們會明白。其他人的難過悲傷也是一種提示。意識到自己將死的另一個重要因素，是總會有某個人出現來接我們並陪伴著。我經常以此與出生相提並論。當我們來到這個世界時，會受到迎接：助產士、父親（若他在的話），接著是抱著我們的家人等等。而在離世時，在另一邊的彼岸情況也一樣：當離開自己的肉身時，也會有親友以同樣的方式迎接我們。」

「我想了解當我意識到自己發生了什麼事之後，心理的感受如何。我們繼續用同一個例子：我心臟病發作，往生了，從上方看到自己，也看到你在試圖讓我復甦。然後呢？」

「你依然是你自己。」

「好，我想像在腦中唯一的想法就是：通知我妻子和女兒。」

「那是活著的人才會有的擔憂。」

「可是我妻子和女兒，我……」

「你必須用『脫離肉身』的視角來思考。即使你並不真的想離開家人，你最終會明白，這是你與她們成長演化的必經之路。到時候，你會清楚地知道，生命在死亡後依然持續。你也會明白，屆時將由你來迎接她們。此外，你會發現，有時你能夠介入、幫助她們。總的來說，你與她們的連繫並不會改變。唯一的不同是，你已經擁有她們仍無法從人世間獲得的答案。」

「是的，我想最令我痛苦的，應該是看到她們不停地哭……」

「沒錯。在某個時刻，你會找到一種方法與你的女兒或妻子交流。每種情況都會是獨特的，交流的方式因人而異，取決於她們的感受力和個性。可能你會在夢中出現，或以更直接的方式……」

但這是否意味著我可以一直看到她們？那些在另一邊世界的人是否會一直觀察我們？皮耶說不會。因為要看到活著的人，亡者需要靠近我們，衝破那道將我們彼此隔開的面紗。然而，亡者和我們之間的某種連結始終都是在的。因此，當亡者感覺我們狀況不好或需要幫助時，就會立刻靠近我們。

透過這次討論，我也希望了解人在死亡後，個體這個概念會發生什麼變化。因為一旦死去，我們還是原來的自己嗎？

我父親還是我父親嗎？

我很清楚這個問題可能聽起來很荒謬，甚至在我心中已變得有點執著。然而在現世之中，一個人可能在短短幾年之中，就可能變得截然不同。那麼，死亡將如何影響我們的個體特質？又會如何改變我們的自我認同呢？

皮耶回答我，一旦我們進入另一邊世界，就不再是以前那個個體了。但與此同時，當我們重新接近塵世，又會再度成為那個個體。

我們不再是原本的那個個體，但它依然存在，它是「**我們的一部分，也是我們生命故事的一部分**」。

靈魂越接近人世，就越會重新成為一個獨立的個體。當它遠離人世，個體特質便逐淡去，而靈體則融入更大的「**整體**」之中。

在這裡，語言開始變得不再完美了，難以精確描述。

靈體始終保有它曾經擁有的記憶，不僅包括剛剛離去的這一生，還包括它所經歷的其他生命——如果它曾經歷過多次輪迴。皮耶用水滴來比喻這種現象：每一滴水都是獨一無二的，帶著自己行經的路徑和經驗的記憶。但當它回到大海，便會與海洋融為一體。

這個近乎哲學的比喻，與我們對死後世界的期待，甚至我們的想像，似乎有些背道而馳。因為當我們想像死後的生命狀態時，總認為「**自己依舊鮮活存在**」，擁有完整不變的個性。

其實我們深愛著彼此。

要是我們再也不存在了，讓人感到多麼遺憾。

不過這只是人類的視角罷了——一種來自肉身生命的觀點，而這種觀點或許還缺少兩三個關鍵資訊。

然而，皮耶強調，我們的個體特質並未消失，只是與一個更大的整體融合，並持續存在。最有力的證明是，亡者越接近人世，就越能重新展現他們在世時的個性：他們的壞脾氣、緊張或冷靜的一面，以及各種他生前的舉止，這些特徵在靈媒與他們交流時都能清晰感受到。

當亡者靠近並試圖與我們交流時，他們會重新變回自己生前的模樣。總的來說，如果亡者持續接近塵世，死亡並不會徹底改變這個人。他在那裡會保留自己的身分、性格，以及缺點。如果他們感到有未竟之事或拒絕接受死亡事實，都可能會使他們停留在塵世。

但依據皮耶的說法，大部分的人一旦進入另一邊世界，就會昇華。因他們明白，只有那些不願接受事實的人會留下來，因他們緊緊抓住不放。

在這方面，皮耶強調，不僅活著的人會透過哀悼的方式影響亡者，同樣的，亡者也會影響留在人間的親友。

他們可能不會放手。

若是亡者認為自己有未完成的事，或沒有說出口的話，而他需要說些什麼，那麼他可能因此不會放手，並影響與這些未竟之願相關的世人之情感，甚至糾纏不清。更誇張的是，有些亡者竭盡全力讓自己不放手。他們的親友可能因此感到被困在一個痛苦、淚水或……無盡的愛的牢籠裡。「我每天都在想他，每天都想。」這樣的執念，讓亡者得以在塵世稍作停留，在不斷重溫自己過往的同時，背離了事實。但他們真的該留在這裡嗎？

即使不提及死後的生命，哀悼歷程並不是要**遺忘**亡者，或是不再思念他，也不是要維持與亡者在生前一模一樣的緊密關係。哀悼歷程，是要建立一種「**新的關係**」。這種新關係帶著相同的愛和力量，同時又**納入**因離別而造成的「**空缺**」。在本書最後，我們會和富黑精神科醫師一同回到這個主題，到時再詳細而具體地探討喪親之痛。

短期來說，正如克莉絲黛兒靈媒所建議的，跟亡者說話對於釋放自我是非常重要的。我們可以這樣說：「好吧，我接受你的離去。我請求你釋放自己，走向你的光。」甚至只要在心裡想這句話，無需高聲喊出來。一般來說，就會得到共鳴。就像在人間，世人之間彼此的人際關係有時並不完美，溝通也不容易，而世人與亡者之間的交流也可能如此。情感和感受也可能成為一種阻礙。

依據皮耶的說法，亡者的成長在另一邊世界仍在持續。同樣的，他們也能幫助活著的人成長。他們在世時未能學會的東西，可以透過仍在人世的人來學習。而幫助塵世的人成長，也促使他們自身的進化。可見，死亡並沒有切斷彼此的關係與連結。了解並充分意識到這一點，能讓我們不再像現在這樣被動承受死亡的痛苦，而是將分離視為雙方都能繼續成長的契機。死亡讓我們得以重新定義關係，它只是在表面上讓關係終結。

那麼，亡者住在「**哪裡**」呢？這又是個棘手的問題。皮耶提出一些初步線索。他們生活在一個與我們不同的物質世界裡，在那裡既沒有空間也沒有時間。移動是在瞬間完成的，比思緒還快。一個有點像我們的世界，在那裡他們可以重建自己的世界。用我們人類的語言很難理解這種狀態。然而，感受它是可能的。這正是那些曾經歷瀕死經驗的人所經歷的。然而，這些人在見證自身經驗時，往往難以用語言來清楚表達他們所經歷的一切。他們感受到了，也獲得了一種無法言傳的領悟。也許我們應該多多練習能讓心智靜下來的技巧和方法，並開啟其他的感知能力，以便開始理解精微的世界？例如冥想、呼吸法、薩滿之旅……這些都是值得探索的途徑，幫助我們真正開啟直覺能力，透過**親身體驗**，而不僅僅是學習。

所以，總結來說，我父親之所以難以清楚傳遞我期待的訊息，問題在於他必須特意回到我身邊，接近我們的世界，才能做到這一點。如今，我父親已不再有軀體，也沒有聲帶。在另一邊世界，他發現了另一種全然不同的溝通方式，語言、身體和嘴巴已毫無用處。

思維就能和所有的生命體連結。

他們不再需要說話，而處於持續**的靈性交融狀態裡**（*osmose permanente*）。

如果我想要大致理解父親現在所處的地方，以及這對我們的溝通意味著什麼，那麼我必須從腦海中拋開所有關於肉身與物質世界的概念，抹去時間與空間這兩個構成我現實觀的基本要素。

我不應該試圖跟他交談，而是要與他建立心靈連結。因為正如同皮耶所提醒的重要觀點，所有在世的人都能「**與靈體溝通**」。我們每個人都具備這種能力，能重新找回與已故親友的靈性交融（*osmose*）。

而將我們彼此連結在一起的那條線，就是愛。

恐懼會干擾一切。恐懼築起一面負能量的牆，強化那種非理性信念，認為死亡之後什麼都沒有，任何連結都不是真實的。承認我們的親友仍然活著，就會打開連結的門，並讓自己感受他們一事變得可能。這時干擾也就會消失了。

為什麼不拋開我們所有過往的信念呢？獨自一人，在家裡，無人評判我們，為什麼不放下那些假象，丟開那些阻止我們親身體驗的教規呢？為什麼不嘗試敞開心扉，讓一切順其自然地發生？事情可能不會在第一次就成功，但何不觀察看看它會帶我們到哪裡？

在合上這本書時，請試著片刻什麼都不想。當然，在你試圖不想時，就無法停止去想不要想這件事。為了幫助自己不想，把注意力集中在一個畫面上，比如瀑布，觀察腦海浮現出來的事物。正是透過開啟我們的內心世界，才能打開通往其他外在世界的大門。這就是今天皮耶教我的東西。

讓我們言歸正傳，或說回到我父親身上。就像和其他靈媒一樣，現在是時候幫助皮耶——還有我父親？——專注於我們感興趣的事情了。我悄悄提供第一個暗示，但同時保持相對含糊其辭的態度：

「你能不能就問問他，在他去世時或葬禮上，有什麼特別讓他印象深刻的事情？」

「當人們替他穿衣服時……給他穿了一條太短的褲子，但他並不在意……有人給他某樣東西，一個信封，他給我看放在那裡的一張字條。提到一個白色或是米色的信封，更接近米白色……」

這就是第一件馬上浮現出來的事情。太驚人！我和四樣物件一起放入的紙條就裝在一個米白色，米色的信封裡。我決定向皮耶進一步確認。

「葬禮前不久，我做了某件事，也跟他說了。我們之間有個約定。」

「別擔心，他會給你信號。」

「不，不是這樣。他應該告訴你一些東西……有些東西確實是放入他的棺木，你能不能問問他是什麼東西？」

皮耶看起來非常善於管理壓力，所以我鼓起勇氣，並冒險地跟他明確說明測試的條件，希望這不會讓他亂了分寸。

「今天他根本不在乎他的棺木，抱歉，我說得有點直白，但……」

「是的，我知道，但他不會毫不在乎我們正在進行的這本書……」

「不……你是不是在裡面放了三樣東西？」

「我什麼都不能說……」

「他跟我提到三樣東西……有個物件……你所做的事情有種致敬的感覺，還有測試的意味。」

「啊對，那是測試！」

「在棺木裡頭，當時想到這件事真有趣。」

「做測試嗎？他是這樣說的嗎？」

「是的。」

「他不喜歡嗎？」

「他覺得很好笑。他有幽默感，這讓他很開心……他說有一些帶文字的東西，比如一本書，放在他的身上，還有像一個信封……啊對，確定是這樣。他覺得很好笑，還說：『應該也放個錄音機。』很搞笑吧！」

「錄音機？是他說的嗎？」

「對。這也太搞笑了，不是嗎？」

是的，這真搞笑。但為什麼他能說出「錄音機」，卻不能說出「畫筆」或「指南針」？同時，他剛剛提到信封裡有我寫的字條，還有那本書。我和第一次一樣感到震驚，但同時因為我對自己和對他的要求都很高，所以在通靈會談中，總是先留意他沒提到的部分，而對他說出來的內容，往往得稍後才能反應過來。沒辦法，我是記者嘛……

「有個物件……閃閃發亮的東西。他告訴我，那本來可能是屬於他的。」

「是的。」

「一個帶圓形頂部的物件，會發亮。而且還有某種絲滑的東西……像緞子一樣，這讓你聯想到什麼嗎？」

「是的。」

「米色或奶油色，我感覺那是有襯墊的。」

「是的，確實如此。不過所有棺木都有襯墊。」

「但不是奶油色或米色的緞子……在他的棺木裡還有心形的東西。有人做心形的東西，或寫了一些話嗎？這故事和愛有關……有人放了一個信封嗎？」

「我不便回答。」

皮耶從一開始就看到那個米白色的信封，裡面的字條寫著：「爸爸，我愛你」，並由我簽名：「你的大兒子」。這是我父母習慣叫我的方式。是的，信封裡的東西「和愛有關」。而棺木裡的布是奶油色的。

「一個密封的信封。」皮耶明確地說道。

「這是你看到的嗎？」

「這是他告訴我的。就在裡面……這是我所看到的一切。」

「此刻你具體感覺到什麼？有看到畫面嗎？」
「主要是他在跟我說話，以及傳送一些畫面給我……」
「是什麼讓你覺得，這不是透過思維傳遞或心靈感應，讓你獲得所有這些訊息呢？」
「因為能量和氛圍。而且我內在的感受完全不同。」
「意思是？」
「意思是當我有直覺時，或例如當我藉由預知能力獲得資訊時，是完全不相干的兩回事。在那種情況下，更像是一種顯而易見的感覺，穿過我的腦海。我不需要思考。和亡者交流時，我也不思考，但他們會幫我思考。」
「你怎麼確定這是不同的？」
「接收的方式不一樣。在使用預知能力時，訊息傳遞是快速且立刻完成的。而與亡者交流則需要更多時間。當我為他們說話時，所表達的根本不是我的個性，而是與我連結的亡者個性。這就是我理解的真正差別，因為我能清楚地區分自己的個性和與我交流的亡者個性。就像我之前解釋的，亡者越接近我們，就越能回復他們在世時的個性。」
「如果你和他在一起，為什麼我父親不明白地告訴你：『我兒子放了這個和那個』？」
「因為他沒有所有的詞彙。」
「為什麼？」

「因為說出所有的話，組成完整的句子，對他們和對我都需要能量。我需要能量來接收，而我沒有足夠的能量來接收一切。我看到的是他給我看的畫面，我說的話不是他告訴我的，而是用我自己的話來詮釋。他不會對我說：「就是這樣。」他會在一眨眼的瞬間給我看一個畫面，速度非常快。然後為了理解這個畫面，我確實需要尋找自己的詞彙來描述。我需要捕捉這個畫面，並排除我內心所有干擾它的因素。為此，我必須設法讓自己不再是我，而是成為他。正是這種感受讓我確信，這與思維傳遞或預知能力完全不同。」

「那麼，往生的人不會說話嗎？」

「並不是所有人都這樣。」

「你的意思是，有些可以用話語跟你說話？」

「是的，那些離世很久的亡者。」

「那為什麼我父親不能和你說話呢？你不是說他還是有生命的？」

「因為他需要在我內心創造一種能量振動，來形成聲音。他需要穿越所有存在於地球與他所處的振動頻率的干擾，才能創造出流暢且聽得到的東西，你無法想像這有多難！」

「嗯，對，我的確無法想像。」

「而且，由於他剛離世不久，還沒有掌握所有的微妙之處。特別是他生前並不相信這些，這才是有趣的地方。」

「有可能他還不明白自己現在在哪裡嗎？」

「這有可能，但他的情況不是這樣。」

「啊，不是嗎？」

「不是。我覺得比較是，可能他有些事情還沒完成，或有些話還沒對家人說。我感覺他比較是處於這種能量狀態，因為有時他會退到一旁觀察，然後突然傳遞一則訊息，這時我會看到他在微笑。」

「那麼，他需要進一步學習如何與你交流嗎？」

「需要……棺木裡是否放了一只手錶？」

「我不能回答這個問題，你之後會知道。」

「我想應該有一只手錶，可能是懷錶，一件他喜歡的物品。」

「他跟你說什麼？」

「他在講時間，他喜歡時間。」

「這是你聽到的話嗎？」

「是的，他跟我談時間……」

「你需要詮釋他傳遞的訊息嗎？」

「沒錯，唯一可能出錯的人是我們，靈媒。」

「你感覺到他有不耐煩嗎？」

「我感覺到他的微笑，一種克制的笑。」

「是說這次的測試嗎，關於我在棺木裡放的那些東西嗎？」

「一開始他覺得很震驚，但後來覺得好笑，非常好笑。他說你還是老樣子，始終保持著記者的專業精神。」

「同時，這也是一次機會……」

「有趣的是，就好像我有一張全家福照片，上面有他。我很清楚地看到這個畫面。還有那本書、文字，還有某種卷起來的東西……」

「那個頂部是圓形的物件呢？」

「是的，它是圓的，可能是一枚獎章……」

或者是一個指南針？

這場通靈再度讓我驚訝。皮耶迅速看到我放在棺木裡的信、那本書以及那個圓形的物品……而就在一個多小時前，我走在街上，請求我父親，是否可以選擇談談迪諾．布扎第的書和指南針。然而，皮耶的解釋加上其他靈媒的補充，讓我更能理解我對父親要求的事情是很複雜的。儘管如此，他表現得還不錯，對吧？

羅安（Loan）

羅安．米耶莒（Loan Miège）是年近四十歲的年輕女性，住在法國東南部的沃克呂茲省（Vaucluse）。她不僅是靈媒，還能與一個充滿生機且無比豐富的隱形世界溝通。事實上，羅安不僅能與逝去的靈魂對話，還能與樹木和整個大自然的靈體交流。此外，她還從事療癒、陪伴和教學的工作。一開始對於她從事這麼多活動，我感到難以置信，後來跟隨她走進森林後，一切都改觀了。直到那時，我才了解羅安是多麼真誠，並擁有難能可貴的正直品格。她是一位出色的人，能夠做到許多令人驚嘆的事。她樂於交流，解釋時毫無保留，慷慨分享自己的見解。而她讓我親自驗證，證實她對自然界隱形世界的描述，而那確實是我能感知到的。這讓我深受震撼。因此，儘管與亡者交流並不是她的核心領域，但我還是邀請她參加這場測試。除了這次通靈經驗外，這也讓我有機會更深入了解她的世界，而我果然沒有失望。

羅安有過一段非常特別的童年，但並不是在這本書中我們想像得到的那些原因。對她來說，她的兒時並沒有那些會在房間裡現身的靈體，沒有光之指導靈，沒有靈性感知。只有地獄般的生活。

那是瘋狂的地獄，為了生存，她必須完全壓抑自己的感受力。

她父親患有精神分裂症，酗酒並有暴力傾向。

父母在她出生後幾個月就分居了。她任職社會工作者的母親，羅安說她對自己的角色過於投入，選擇搬到格勒諾布爾（Grenoble）的拉維勒納夫（La Villeneuve）一個非常艱困的社區居住，那裡充斥著悲慘生活、暴力和毒品。儘管分居，她的父母仍會見面，並維持斷斷續續的關係。在羅安出生三年後，弟弟誕生了。一個意外獲得的男孩，羅安的母親原本計畫進行人工流產，但在最後一刻拒絕手術。這個孩子很快被診斷出患有嚴重的精神分裂症，現在以殘障人士身分，生活在國家監護下。

他們的母親試圖維持重組家庭的假象，每兩個週末就將孩子交給父親看管一次。羅安說：「她認為讓我們見父親是件好事，這是她那套社會工作者的理論。但實際上，她把我們送到了劊子手手裡。」

那些年對羅安和她弟弟造成極大的傷害。這個充滿毒性的瘋狂男人讓他們的生活成為一場煉獄。每當周末與父親共處，羅安的所有精力都集中在唯一的目標：**活下去**。

爸爸住在山區，與外界隔絕。他和新伴侶——一位五歲小女孩的母親——同住。當時羅安六歲，弟弟三歲。每當父親發作，她都會帶著小女孩，另一手緊牽著弟弟的手，拚命逃向森林，並躲藏其中。年幼的羅安那時就已明白，父親是一個極度危險的人物。

羅安憑著本能，能察覺到父親瘋狂發作的預兆。這名男子被診斷有精神分裂症，但羅安很快從他發作的方式，察覺到那像是一種「**附身**」。她感覺有另一個人**占據了**父親的身體內部。他的眼神變了，不再是同一個人。「他成為一個活生生的惡魔。」接著，他會砸爛所有的東西，徹底摧毀周遭的一切。

為了保護自己，羅安學會在父親在場時始終保持警覺。隨時保持謹慎，並識別那個人格改變的瞬間，以便及時逃脫。事實上，她認清了只有逃跑才能在那樣的時刻保護他們。

然而，這一塊**只是**短暫發作的部分。因為這個男人還有更長時間的性格變化問題。過去一段痛苦的回憶依然深深印在羅安的腦海中，那是她十四歲時發生的事情。

當孩子們在爸爸家時，他突然有了參觀巴伐利亞（Bavière）城堡的旅遊計畫，一次為期十天的旅遊。

那簡直是十天的煉獄。

旅程一開始，父親的行為就像回到第三帝國時代的納粹軍官。在這十天裡，他和孩子們彷彿生活在納粹德國。他配給食物，「**因為正在打仗**」，並發表反猶太言論和死亡威脅。羅安的母親是猶太裔，因此她整個旅途都活在恐懼之中，害怕父親想起這一點，因為他不斷復述「必須殺了這些人」。羅安現在解釋說，從她的角度來看，在那次旅途中，她父親被一名納粹軍官的遊魂徹底**占據**了。他已經不再是他自己，甚至還計畫結束自己的生命，就像那些納粹軍官和高官所做的那樣，不同的是，他還打算帶著孩子一起去死。

有一天，他逆向駛上高速公路。羅安驚恐地回憶起這段經歷，她感覺自己快要死了。但就在車子瘋狂疾馳時，發生了一件至今仍令她無法理解的事。忽然間，時間變慢了。她以為死亡已然降臨，一切都要結束了。儘管她從未接受過任何宗教教導，卻開始祈禱。被困在車內的她向外求救，喊叫著她和另外兩個孩子是無辜的，他們並沒有選擇這一切。他們想活下去。這不公平。她用全部的心靈、全部的力量祈禱，「就在某個時刻，我感覺車子被抬升起來，彷彿有雲托舉著它，接著又落回到路面。如果可以這麼說的話，那一刻，我父親彷彿恢復了人性……」最終，全家抵達了一間旅館，在那裡，每個人都沉沉睡去。究竟發生了什麼？我們彷彿來到了未知領域的邊界。

事實是，羅安在瘋狂的環境中成長。為了不被這種瘋狂吞噬，她必須築起一道防線。但在成年終於能脫離這個家庭環境時，她也開始感知到亡者的存在。第一次出現這種情況是在她十九歲那年，她去世三年的曾祖母來探望她，羅安跟她的感情非常深厚。羅安一直是個極為敏感的孩子，但她整個童年裡，這種特質只透過勤練繪畫和雕塑來表現。除此之外，她無法讓自己有更多表現的空間——那太危險了。直到成年並獨立後，她才終於允許自己真正地敞開內心。

羅安的成長充滿波折。她同時經歷過痛苦、恐懼以及最駭人的瘋狂，但依然保有那股自始便深藏於內心的強大靈性力量，並讓它逐漸綻放。在羅安這個嬌小纖細的身體裡，在這雙歡快而靈動的眼眸背後，潛藏著一股強大的力量。

我們在巴黎碰面。我把照片放在桌上，羅安看著它，似乎立即就連結了。

「他過世了，我猜？」

「是的。」

「是心臟的問題嗎？我立刻感覺心臟部位有種壓迫感，而且感受到他內心有很多悲傷。他應該曾失去過摯愛……感覺像是一直無法從喪親之痛中走出來……然而現在，在另一邊世界裡，他陪伴著你。他已成功汲取塵世間的生命經歷所學到的課題，超越了自我並獲得安寧。他與自己的靈魂、內在光芒更加契合。我感受到他此刻是平靜而帶著微笑的……因此，我強烈感覺到照片中的他與現在所感知到的他之間存在巨大的落差。照片裡的他，滿懷痛苦與煎熬，憂傷寡言。我感受到一個內斂、克制自己情感的人，他默默承受著痛苦，不願打擾他人。他內心深受煎熬，難以表達出來。我看到他咳得很厲害。是不是肺部有問題？好像他整個胸腔有種壓迫感。我看到痰液或分泌物，他無法排出去的……我反正把我感受到的都告訴你，好嗎？」

「當然，沒問題。」

如果你們還記得我父親的一些醫療資訊，應該會認同這些觀察的準確性。羅安捕捉到的一系列生理與情感特徵，完全符合我父親的狀況。他的健康狀況、心臟、肺部……還有無法撫平的喪親之痛。我弟弟的離世。

「他很堅強……嗯，我也不太確定自己說的是否正確，但這是我感受到的……」

「非常準確。即使有些話妳覺得很荒謬，請說出來，別猶豫。」

「好的……因為我現在看到三個孩子。為什麼會給我這些孩子？我覺得其中一個孩子經歷一場事故，對這個男人來說非常痛苦，而他似乎從未真正走出來。」

提醒一下大家，在這個階段羅安還不知道這個人是我父親。而實際上，我們家確實有三個孩子，在二〇〇一年托馬死於阿富汗。

「這個男人……好像覺得自己運氣不佳，但同時又懷抱著某種光亮和希望……怎麼說呢？我感覺他是個手工藝人，他用他的雙手創造的事物，讓他與生活重新連結起來。而這給了他一種希望，就像幫助他卸下那些沉重的負擔、壓力，以及他難以承受的種種束縛。他希望生活能有所不同，透過他這樣的手工創作，他得以短暫逃離現實。他感覺自己能夠超越痛苦，並把痛苦轉化為美好而具有意義的事物，超脫這整個塵世的沉重……」

這次也是多麼準確的描述啊。繪畫之於我的父親是一種宣洩情感的方式。他難以將自己的情感以語言表達出來，所以繪畫成為他寄託現實問題的一種方式。整天獨自一人在畫室裡，他埋頭畫畫，鼻子幾乎貼著畫筆，把世界暫拋腦後。每一種無法從他內心釋放出來的情感，都實實在在地轉化成畫布上的素材，線條、筆觸和色彩。

我沒有打斷羅安，她繼續順著自己的感應講下去。

「我聽到一個名字，但名字並不是我的強項，我也不確定該怎麼解釋好。我聽到叫尚（Jean）的名字。我不知道尚是他還是其他人……」

「很好……」

再說一次，羅安不知道照片上的人是我父親，也不知道我父親的名字是尚－皮耶。她真讓人驚嘆。

「現在，我感受到更多有關他在另一邊的情況。說他之所以參與這本書，是因為他在人世間的時候飽受疑惑和內在掙扎所折磨，在他到了另一邊後，才真正了解到確實還有別的東西，那裡充滿光，生命是有意義的。他是如此難以察覺這種意義，因為他在世時肩上的擔子太重了。一旦到了另一邊，他才明白一切都是有意義的。一定要堅持下去，這很重要。這就是他想傳遞的訊息——堅持下去，享受生命，這才是最重要的。由於他肩負的重擔，他沒有像原本那樣好好享受人生。他對此感到遺憾。他有點把自己關在自己的世界裡。現在他到了另一邊才體會這一點，他很開心能分享他的經驗和轉變。他提到「轉變」……

有點像是他想要見證，同時也是一種示範，告訴我們雖然受困於這個世俗層次裡，但是我們遠比自己想像的更要強大。」

我靜靜地聽著。無法判斷羅安描述我父親在另一邊世界的情況是否屬實，但從她對父親生前相關的準確描述來看——「他飽受疑惑和內在掙扎所折磨……他肩負重擔，以至於難以理解生命的意義……他有點關在自己的世界裡……」——我思考片刻父親離世以後的覺悟，並將這些想法告訴羅安。

「我很高興他以這樣的方式參與其中。」

「我感受到他內心的喜悅和熱情。我問他還有什麼想說的？」

然而，正當這次通靈似乎進行得極為順利時，我卻犯了一個錯誤。可見之前與克莉絲黛兒的會談經歷並沒有讓我記取教訓。

「在過來之前我問他一個問題，他有聽到嗎？」

「這讓他覺得很好笑……他跟我說他確實聽到了。」

與瘋狂的父親相處近二十年的經歷，在羅安心中留下了永遠的烙印。更令人驚訝的是，這段與各種危險共存的經歷，讓她覺得精神分裂症其實是一種沒有掌控好的通靈能力。

羅安深信她父親和弟弟都是靈媒，但他們都無法駕馭這種能力。她提到父親時說，他自己也經歷過極大痛苦，曾被毆打，童年過得很糟糕。這些經歷在他內心造成了巨大的裂痕，而邪惡的靈體則透過這些沒有癒合的創傷，進入他體內並占據他。許多被稱為「精神分裂症」的人，其實是被他們過多的感知所淹沒的靈媒。

為什麼在這樣的環境下，羅安自己沒有陷入精神分裂症呢？是因為她堅強的性格發揮作用嗎？還是肩負保護弟弟的責任感，幫助她保持心理上的穩定？

幾年前，我朋友保羅·伯恩斯坦和我共同出版了《超自然經驗：臨床手冊》。這本書是超自然經驗研究院（INREES）[1]的開創性文本，是一本集體著作，依據不同類別整理並介紹迄今為止所記錄的大量超自然經驗，並提出相關的療癒建議。這本書適合醫療從業人員、心理學家、不同學派的心理治療師，以及一般大眾，特別是那些經歷過一次或數次超自然經驗的人，或是他們的親友，幫助他們理解這些經驗所帶來的行為變化。最後，它也適合任何曾經見過或聽過這些經驗的人，並渴望知道和理解嚴謹的科學研究和臨床案例在這些經歷上的發現。

我們曾特別探討過一個問題：瘋狂與正常之間是否存在著明確的界線？所有參與《超自然經驗：臨床手冊》撰寫的專家人一致認為，這樣的界線並不存在。因此，我們總結了

1 請參考www.inrees.com。

他們的觀點，並寫道：「疾病與健康之間呈現一種連續的光譜。在平靜安穩的生活條件下，對於那些未曾遭受過重大心理創傷的人來說，人類的心理通常能夠維持平衡，或者至少能夠適應外在環境。然而，若曾經歷輕微創傷，心理狀態可能會短暫受到影響，隨後恢復平衡；若創傷程度加劇，則會動搖心理更深層的結構，導致更嚴重的平衡；而當遭遇災難性的心理創傷時，則可能引發人格的全面崩潰（例如憂鬱性崩潰或妄想發作）。從未顯現出心理問題的人，並不一定代表他的內在是平衡的……唯有生活本身能夠驗證真相。因此，時間是一個關鍵因素，而真正的結論只能在事後得出。此外，即便是病態人格，也仍然保有『健康的小島』（îlots de santé）。正是這些內在的健康部分，使個體能夠在治療師的幫助下恢復穩定，治療師的作用，便是協助個體強化並發展這些健康的小島，讓個體能夠重新建立平衡[2]。」

總結來說，靈媒的感知能力有時能夠被順利接納，但對於因特殊心理創傷而變得脆弱的人，這種感知能力則可能導致徹底崩潰、產生精神錯亂或嚴重的心理問題。而在這兩個極端之間，人們的反應和適應方式呈現出極大的多樣性。我所遇見的靈媒，無一不曾經歷過這些不確定性、懷疑、危險與學習的時刻。

羅安的例子證實了這項觀察。多年來，她將生命中出現的父親和弟弟的精神分裂症，轉化成她所說的「學習土壤」。

有些時候，她自己也會害怕沉淪，她覺得這是可能的。但幸運的是，她擁有重新回歸生活的力量。事實上，在那些充滿危險的時刻，她意識到必須正視自己的痛苦，並展開內在療癒的歷程。她明白，每個人內在都有裂痕與情感上的脆弱，若這些裂痕未被照顧，就有靈體趁虛而入的危險，偶發性地再次占據我們。發生時並不一定會讓人驚嚇，甚至不一定看得見。除了像她父親那樣的極端例子之外，這種「**入侵**」通常是隱祕、低調且無意識的，但正如我們所見，是會產生影響的。

為了防止外部力量趁虛而入，同時保有適度可控的開放性，羅安開始努力辨識、理解並療癒自己的創傷。她選擇接受自己在塵世的生命，而不是遊蕩於虛無之中。因為那些被瘋狂吞噬的人，往往是被困住、淹沒的人——他們缺乏力量、支援與資源，因此無法保持那種至關重要的清明，而這份清明正是通往療癒之路的前提。

瘋子深信自己並沒有瘋。

在她所接待的個案中——同時在身體和靈性層面提供療癒並陪伴的個案——許多人都出現過這類型的問題。比如難以駕馭的靈媒能力，或是與這類現象相關的家庭問題。如今，她不再懼怕瘋狂，因為她已經熟悉瘋狂的邊界和表現方式。因此，當個案告訴她自己被附

---

2 請參閱史岱芬・艾力克斯和保羅・伯恩斯坦（編），《超自然經驗：臨床手冊》，第二章。

身或聽到一些聲音時，對羅安而言是在熟悉的領域，並自覺有能力找出問題的根源。在羅安甜美、細緻的年輕女性的形象背後，她同時也是一位鬥士，否則怎麼能夠走過自己所經歷的一切，並堅強地站在這裡？羅安將她的童年遭遇化為力量。儘管家庭關係依舊複雜——如今她已不再見她父親。「他是個極度危險的人，完全無法管束。根本不承認自己有問題，還活在一種全能幻覺裡……」然而，她小弟在服藥的情況下，是個非常和善溫柔的人。

面對這種痛苦的現實，羅安也很務實。她首先承認，對於許多精神分裂症患者來說，邁出內在療癒歷程的第一步是他們能力所不能及的。

對她弟弟來說也是如此。

如今，只有藥物才能使他免於痛苦。藥物並不能解決問題——它們的作用不是用來解決問題，而是用來減輕痛苦，而這對於病人的幫助是難以衡量的。然而，我們不能忽視的是，這些藥物只是掩飾真正需要處理的問題。對此視而不見並不是長期的解決之道。

關於如何區分瘋狂與超自然感知，大多數我詢問的精神科醫生的誠實回答，讓我很感動。沒有一位醫生斷言瘋子所看到的東西不存在。但他們也都立即補充說，對於精神科醫生來說，患者所描述的經歷是現實還是虛幻，到頭來只是次要的問題。

精神科醫生首先會問自己的問題是：「我的病患是否感到痛苦？他說在腦海中聽到的

聲音到底有沒有打擾他？」若有痛苦，幾乎都是用藥物來減輕他們的痛苦。因為沒有其他選項來處理緊急狀況。醫生很清楚，處方藥並無法治癒，但可以平息聲音、妄想，以及所有患者無法忍受的事情。這就是羅安的弟弟所面臨的問題：他有潛在的危險性，只有高劑量的藥物能讓他陷入昏沉狀態，避免對自己或他人造成威脅。

那麼，真正的解決之道，難道不該是去探尋疾病的深層根源嗎？越來越多的醫療專業人士認為，除了提供即時的治療來緩解患者的痛苦外，還應該透過多種方法，努力找出導致患者極度脆弱的深層原因。即便這樣的探索可能會引領他們進入**隱形的世界**，這些醫生、心理治療師和心理學家至今依然勇敢前行，他們是值得敬佩的先驅者。保羅·伯恩思坦和我也正是為了彙整這些專家在世界各地累積的知識，並讓這些研究者在法國能得到更廣泛的關注與應用，所以共同撰寫了《臨床手冊》，並創立了「超自然經驗研究院」（INREES）。

然而，這些醫療與心理領域的先驅者，至今仍只是少數。不幸的是，在法國，精神疾病的日常照護有時仍然存在荒謬的現象。羅安深感遺憾，因為至今她仍未遇到一位可以與她深入討論自身感受與直覺的精神科醫師。她與弟弟共同觀察到，臨床醫療現場往往過於強調「即刻緩解痛苦」，而忽略了對病因進行深入反思的必要性。

我們可以讓症狀平息，這已經很不錯了。

面對羅安堅持為弟弟尋找治癒方法的態度，負責治療這位年輕人的精神科醫生找不到更好的方法，竟然有一天以威脅的語氣回應羅安：「妳自己也可能在三十歲之後罹患精神分裂症，而妳的孩子也有被波及的風險。」這番話當時帶給了羅安極大的衝擊。好像她的人生突然之間完了。被稱為「照護者」，卻如此缺乏善意與內在智慧，真令人感到悲傷！沒有什麼比面對隱藏在自以為是背後的無知更令人不安。在那次與醫生的不愉快會談後，羅安花了好一段時間才重建信心，並明白了為什麼自己不會陷入瘋狂。

的確，想到她經歷過那種難以想像的童年，我曾一度好奇她是如何接受自己感知能力的浮現。目睹了父親的病情，在十九歲時看到已故的曾祖母出現在自己面前時，她是否擔心自己也會變成精神分裂症患者？她的回答與我們在《臨床手冊》中發表的觀點一致：不應依據超自然敘述的**內容**來下診斷，而是依據表達**方式**來判斷。

事實上，當她第一次見到已故的曾祖母顯現時，那場溫柔而平和的經歷讓羅安強烈意識到，自己並不像父親那樣陷入精神崩潰，而是在經歷某種截然不同的**事情**。她內心的平靜清楚地表明，她並沒有失控。她能辨識出曾祖母的能量波動，並感覺到這位老太太是來幫助她的。

羅安被某種更強大的力量所驅動，被一道光指引，並感應到身邊發光的生命體。她笑著承認，這麼說感覺自己有點像精神分裂症患者，但不同之處在於她知道如何運用自己的感知能力去幫助他人、去建設，讓事情變得更好，造福他人。

由此可見，將精神分裂症一律簡化為幻覺，把通靈簡化成真實感知，是毫無意義的。精神分裂症患者和靈媒進入的都是隱形世界。不同的是，前者迷失在其中，後者則能隨心所欲地進出。

這個觀察並無法實質改變精神分裂症患者在現有治療框架下的現實處境。而無能為力幫助弟弟的事實，對羅安來說則是日常生活中學習謙卑的重要一課。她提起弟弟時這樣說道：「我沒能拯救他」。

由於羅安輕鬆地就與我父親建立連結，而我感覺他們倆都在邀請我加入，所以我決定跟羅安進一步說明這場通靈的目標。

「我請他告訴妳一些事情。」

「啊，好吧……這有點緊張。只要有一點壓力，所有的感知就會變得混亂。」

「但沒有理由讓妳慌張。」

「所以，他應該告訴我一些事？」

「對。」

「現在，來了，壓力來了……太糟了，我卡住了。」

我以為自己在幫助羅安專注於更確切的目標，但實際上這只是讓她更困擾。她開始失去與我父親建立的順暢連結。

「我在他的棺木裡放了幾樣東西，我請他告訴靈媒那些是什麼。」

「好的……」

「我完全理解這不容易。但或許在妳不那麼緊張時，就能辦到……所以，不管妳感覺到的東西多麼出其不意，都可以告訴我。此時此刻，我建議換個主題：可以請他描述一下他離世後遇見哪些人嗎？」

「我看到他確實成功地跨越各個階段，抵達這個光的層次，在那裡他與一些指導靈建立更緊密的連結，祂們會引導他並幫助他繼續前行。」

「但他是……如果我問問題，會打擾妳嗎？」

「不會的，反而更好，問吧。」

「妳是直接感知到他的存在，還是覺得自己在接收關於他的資訊？」

「我感知到一個模糊的身影。由於他經歷了不同的進化階段，已不再具有肉身形態，也超越了個體性，超越了他曾經是誰，並超越了過去的一切。現在，他更像是一個輪廓模糊的形體，一個能量場，而我能感受到他的存在。」

「妳聽到他對妳說的話嗎？妳看到畫面嗎？妳接收到的訊息是怎麼表現出來的？」

「我同時接收到所有東西。所以我必須非常小心，因為這些訊息經過我的篩選可能會扭曲。詮釋一直是個問題。」

「怎麼樣的扭曲？」

「經由我的經歷和內在的記憶庫，訊息透過我來傳遞。與亡者交談有點像口耳相傳：傳到最後，最初的訊息可能會有些改變。」

「他會對妳說話嗎？」

「有時候會。」

「那麼，如果他的存在是確定的，而且他的意識依然『有生命力』，為什麼妳無法清楚聽到他完整的句子，例如在提問後獲得一個較長的回答呢？

「我認為這與我的壓力有關，因為當他對我說話時，我是能聽見的。但我們現在進行的測試讓我的壓力增加，而這會影響訊息的傳遞，使一切變得更加混亂……」

「但為什麼壓力會這樣影響？如果現在我在妳面前說話，不管緊張與否，你都能清楚聽到我說話。那我父親跟妳說話，有什麼不同呢？」

「因為不是透過相同的管道傳遞。我們可以說，我『**聽到**』他對我說的某些東西，但不是藉由物理的方式，不是透過耳膜振動將訊息傳遞到大腦。在這種情況下，這是一種更精微的波動，被另一種叫做『靈聽』(clairaudience)的感官所接收。如果因為我緊張而導致能量體被干擾，那麼在這種狀態捕捉到的訊息可能會有改變、扭曲，甚至完全阻斷。有點像在收音機前發射電磁場干擾，它就無法再接收任何訊號……」

「但這樣一來，怎麼確定妳一開始接收的訊息沒有扭曲呢？」

「我完全無法確定。唯一能確定的方法是驗證我提供的訊息，例如由你來證實。疑點總是存在的。而在某種程度上這是一件好事，因為一旦我們開始變得過於確信，就可能更會犯錯。」

「但妳沒有發展出內在的方法，讓你自己來驗證妳自己的感知嗎？因為在開始這場通靈時，妳描述很多細節，卻完全沒有詢問我是否正確。妳看起來自信滿滿。」

「是的，這倒是真的。事實上，那是因為訊息像雪崩一樣，不斷地湧現在我的腦海。當它以這種方式來臨，沒有我個人意志的介入，這是個好兆頭。表示這些訊息不是來自於我的想像，也不是我的投射，而確實來自於那個希望表達自己的人。」

「你如何感受這兩者的差異？」

「這些訊息是強加給我，無法抗拒。我感覺被推了一把。」

「所以必須想辦法盡可能讓妳冷靜下來，這樣才能準備好捕捉接下來的訊息。」

「是的。」

「建議妳動一動：試著放鬆心情，清空思緒，我會向照片上的這位先生提問。妳覺得在自然狀態下，更能捕捉到他想說的話嗎？」

「我們可以來試試，是的。」

在談論她所感知到的世界與其中的生命體時，羅安始終保持高度警惕，確保自己不會與它們混淆。她所捕捉到的感受、情緒和想法並非屬於自己。她十分注重保持自身的穩固根基，深知即便只是片刻鬆懈，未能維持與這些顯現的隱形力量之間的屏障，都可能讓她陷入危險。正如我們在類似情況下也可能會如此——逐漸脫離自身的生活，最終淪為受**外力**操控的傀儡。

精神分裂症患者。

這一點與靈媒皮耶的看法不謀而合，皮耶提過有時候世人與亡者之間可能會有負面影響。羅安懷疑，許多被稱為「憂鬱」的人，其實是不知不覺地受到過世且正在受苦的靈體影響。這些人沒有意識到這一點，往往是因為他們自己根本不相信這些事情。藥物能夠切斷他們的感知，讓他們感覺似乎好了一些，但問題並沒有解決。情感和能量上的依賴仍舊。

對世間和靈界之間的能量連結之影響認識不足，是因為在西方，隱形世界並未被視為一種現實。然而，在許多文化中，與祖先的關係是生活的一部分，人們每天都與鬼魂生活在一起。

在西方，由於與這種靈性現實脫節，多數人過世時會以為死亡之後什麼都沒有。他們到另一邊世界時，對於該怎麼做毫無頭緒，也沒有做好準備，更無法從以前親近的世人那裡獲得任何協助。因為那些世人也不認為與亡者交談會有任何意義，「**畢竟他們已經離世**」。

若拒絕接受隱形世界的存在，我們就只能被動承受它的影響。但因為它是真真實實存在的，滲透於我們的現實之中，並對我們產生影響。

羅安幾乎一直處於感知的狀態。這種能力在她身上從未完全熄滅。因此，她有時會突如其來地感受到亡者的求助。然而，在通靈儀式中，情況有所不同，一切都更有準備，也在預期之中。當亡者現身時，她的感覺就像是某種降落的過程。彷彿剛開始什麼都沒有，一秒鐘後有東西降臨並變得密集。有點像空氣中所有的粒子變成一種讓人能感知到，更密集的蒸氣。這種密集感伴隨著一種存在感，一種在她身旁的重量感。

在羅安的通靈儀式中，亡者顯現的時間，通常與個案提及該亡者的時刻相吻合。彷彿當人們想起或談論亡者時，就會與之產生共鳴，從而促使其現身。這並非偶然。在羅安從事的工作中，亡者之所以出現，是因為亡者與正在進行的療癒歷程有直接關聯。

正如我之前提過的，羅安的特殊之處是，除了亡者以外還能連結其他物種的靈體。亡者的靈體並非是唯一會影響我們情緒的存在，還有其他的靈體。很多其他的靈體。

可見世界與隱形世界之間彼此映照，彼此對應。

在可見世界中，住著數百萬物種的動物、植物，甚至是礦物。羅安解釋說，與最古老的祖傳智慧相呼應，在隱形世界也有同等的多樣性。這兩個世界，即現實的兩個面向，同樣都很豐富且充滿生機。

而這兩個世界之間並沒有邊界。

可見世界與隱形世界之間沒有邊界。

羅安覺得，這兩種現實彼此滲透影響，而且越來越明顯，那是因為地球的能量正在發生變化。二元對立其實是一種幻象。從理論上說，可見世界與隱形世界沒有分開。因此，在一種重新找回原始合一性的大規模變化中，在我們當前現實中兩個相距甚遠的世界，此刻正在彼此拉近距離。羅安解釋道，可見世界是萬物顯現的世界，也是物質世界，在這裡，我們能夠體驗事物和生命體之間的分離。這讓我們能經歷各種境遇、成長，並獲得某種層次的認知與理解。至於隱形世界，它無所不在，遍布一切。我們只能感知到可見的部分，但我們看不見的部分卻廣闊得多。由於我們已經與現實中這個無形的部分失去連結，因此變得有點過度認同物質世界。現在是時候重新找回我們的本質和內在的偉大了。

物質世界「**只是**」一個學習的場域。我們本質上是來到塵世體驗生命的天界存有。而這適用於一切生命的形式：無論是人的身體、植物，甚至是一塊石頭。

那麼，從測試一開始所溝通、對話的這個人，這個有時候讓我們很難理解的人，難道已經不再是「**我父親**」，而是「**他的本體**」（*essence*）？那個多年來「**隱藏**」在尚－皮耶．艾力克斯身後，在天界的存有？

有生物學背景的羅安，提出一個與熱力學相關的類比。在這門學科中，我們討論三種狀態：氣態、液態和固態。

她的類比是基於這樣一個觀點：在本體的靈魂或生命體處於氣態。它是一種氣體，所以轉瞬即逝，我們看不到，但確實存在，只是隱形而已。

生命體進入母親的肚子後，這種氣態會慢慢轉變為液態。在母親的肚子裡，環境是液態的，就連胎兒的結構也是如此：即使是骨頭，看起來更像果凍而不是其他東西。這種液態狀態會隨著胎兒的發育逐漸變得堅硬，並在出生後繼續鞏固直到二十一歲。事實上，直到二十一歲，手腳上的小骨頭才會完全固化。

這樣我們就進入了成年期，也就是固態狀態。視健康狀況而定，這種狀態會維持數十年。然後，到了六十歲或七十歲左右，視個人狀況而定，隨著老化開始，生命又回歸液態。人們可能會出現循環問題、體液滯留，身體會逐漸液化，最終在肉體死亡時回歸氣態。

從這個角度來看，就能理解自己其實是自然循環的一部分，不再有可見或隱形的區別。只有不同狀態的循環，讓我們得以進化。

我更能理解現在處於氣態的父親，為什麼與處於固態的靈媒溝通時，有時會有困難。最令人驚訝的是，不管如何，他仍然成功地建立了連結。

這或許是因為他保留了生命中許多重要的記憶，而這些記憶正是他學習歷程的一部分。我們再次回到之前與皮耶討論過的「**個體**」概念。

在測試初期，我想像是要與生前的父親連結。當我想起他時，腦海中浮現的是他的臉龐、他的情感、他說過的話……簡而言之，我始終停留在我所認識的那個人格形象，執著於他在人世間的生命軌跡，結果到頭來，我對他的印象其實極為有限。然而，透過從與這些靈媒的交流，我愈發確信，回應我們的「**這個人**」是真實且「活生生」的——對此我已毫無疑問——但或許，我記憶中的父親，已與他現在脫離塵世後所回復的樣貌相去甚遠。參與測試的這個「個體」依然是我的父親，我感受得到——我能感受到這份連結，感受到他對我們的愛——但同時，他似乎遠遠超越我過去所認識的那個人。我隱約感覺到，他龐大而陌生。

話說回來，我對那個同樣存在於我內在的宏大存有，又了解多少呢？這的確是個好問題，甚至足以成為一本書的主題。但我隱約感覺，只有真正投身於靈性探索，我們才能觸及這道光的層次，並更深入地認識那個深藏於我們之內的天界存有。

為什麼我們在世時無法意識到這個更宏大的存有，而只能在離世後才重新覺察自己的本體？羅安繼續她那既發人深省又略帶不安的解釋，卻直指核心。如果我們現在無法有意識地接觸這個存有，那是因為它被層層累積的「**多餘之物**」所覆蓋。矛盾的是，我們所認為的「**深層自我**」，其實正是這些多餘的東西。

這就是我們所謂的「**我**」。

一般來說，我們熱愛這個「**我**」，總想討好它，從不願與它分離。能夠成為「**我**」感覺太棒了，甚至希望永遠如此。

然而這個個體卻顯得完全是人造的。

它只是由一連串的**反應**所構成的。

我們誕生並成長於特定的文化、社會、家庭、歷史與跨世代背景，而正是這些條件形塑了這個「**我**」——一個擁有性格、恐懼、渴望、焦慮、對太多事情持有偏見、情感與情緒的人。「**我**」真的如此脆弱嗎？如果「**我**」幾乎只是一個對環境的反應產物，那麼這個「**我**」真的存在嗎？

這個「**我**」絕對不會喜歡人們這樣看待自己。

這個「**我**」不同意。

然而，日復一日、月復一月、年復一年過去，我們的本體越來越少有機會得以表達自己，因為這個被塑造出來的個體占據太多空間。這種情況通常很快的在人的童年時期就會發生，我們的本體變得無法親近。而這個「**我**」則驕傲地浮現，通常從幼兒園的遊戲場，

「**我**」就開始大放厥詞。

為什麼要等到離世後，我們才能擺脫這個人造的身分，才有機會與自己的本質重新連結？為什麼要等到死亡，才能重新找回自己？如果能在世時就完成這種連結，難道不會讓我們活得更完整嗎？讓我們更能理解生命試煉的意義？選擇成長而不是被動承受？而且，我們難道不是從本書一開始就發現，在世時進行的自我修煉會延續到死後嗎？這讓我們在往生後能擁有更清晰的洞察力，並以更平靜的心態去迎接那個世界？

讓我們深入探討一下在死亡那一刻會發生什麼吧。為什麼提早準備面對死亡對我們有百利而無一害？往生之後，也就是當肉身停止運作，精微體會聚集起來，形成一個連貫有序的整體，以逐漸脫離肉體容器。這個階段需要一些時間，有時可能長達數天，尤其是當那個人還沒準備好進入另一邊世界。

然後，靈魂會等待這個過程徹底完成。它會跟隨著自己的肉身，目睹自己的葬禮。一旦葬禮結束，靈魂會進入一個所謂的「**塵世的**」層次，也就是說，它雖然在物質層面上不可見，但仍然存在於活著的人的現實之中。此時，靈魂的狀態將決定它所能走上的不同道路。羅安為了進一步說明，舉了一些可能發生的例子。

讓我們舉個例子，一個在過世前處於痛苦的靈魂，且無法**看透**這種痛苦。它會像卡住的唱片一樣，不斷地重複播放這種痛苦的情境，被自己的幻象困住，直到它覺醒過來。這時，靈魂必然需要協助，無論是來自親友的祈禱，還是來自負有使命的光之生命體的引導。再舉一個例子，假如一個人在生前犯下可怕的罪行，同樣的，這個靈魂會深陷於自己創造的錯綜複雜的現實之中。對於這兩種情況，這些靈魂確實會困在自己塑造的虛幻世界。

所有的靈媒或多或少都清楚地告訴我們這一點，這似乎是一個無法避開的歷程，會發生在毫無準備就過世的人身上：他的靈魂會滯留在塵世的層次。有些靈魂甚至不會意識到自己已經去世，若無其事地回到家裡，彷彿什麼都沒發生。羅安認識一位女士，她與已去世五年的丈夫一起生活。她每天都感受到他的存在：他坐在沙發上陪她看電視，晚上則躺在床上。他們的夫妻生活幾乎沒有改變……這對這位女士而言並不困擾，相反的，她還很享受丈夫的陪伴。

還有一些靈魂因受到驚嚇而僵住，例如停留在事故現場。它們彷彿被釘在原地，超越時間和空間，無法移動。在這種情況下，它們的進化需要外力援助。正如我們之前所說：那些一生都堅信死後一無所有的靈魂，一旦來到**另一邊世界**，往往會陷入完全的迷失，因為它們的經歷與過去的信念全然不符；相反的，有些靈魂則因對「地獄」的概念過於恐懼，以至於選擇僵滯不動，寧可停留在原地，也不願冒著墜入其中的風險。

當靈魂接受了自己已經離開肉身，並開始在另一邊繼續旅行，它會穿越那條在無數瀕死經驗見證中反復被描述的「光之隧道」。在那裡，生前或前世深愛過的親友，以及被稱為「指導靈」或「天使」的光之存有，會前來迎接它……接著，靈魂會在光之存有的陪伴下展開靈性成長的旅程。它會看到自己一生的片段在眼前如影片般播放。通常，它會以慢動作和倒帶的方式反復觀看數次，以便汲取最多的經驗教訓。在光之存有的陪伴與引導下，靈魂會逐步解析人生中的每個重要事件。這個階段極為關鍵，因為這將決定靈魂接下來的進程。

如果靈魂受損，它會進入羅安所稱的「靈魂修復所」裡，一個每位靈媒會使用不同稱呼的空間——儘管大家都同意這個**過渡區**的存在。對於我們有形肉身的人，在這個顯得相當虛幻的維度裡，靈魂會得到復原所需的照護，讓它能在更好的條件下繼續前行。如果生命中仍有某些問題需要解決，它會留在塵世的層次來完成，並定期進入更精微的層次，以檢視自己的進度，並獲得珍貴的幫助。這種情況很常見。許多靈魂會回到他們的親友身邊，在新的環境中儘可能地彌補缺點和修復錯誤。最後，如果靈魂已經獲得解放，並準備好要**提升**，它會立刻前往所謂的「光」的進化層次。這些層次的振動頻率與我們塵世的現實相去甚遠，層次越高，對靈媒來說也就越難進入。

不過，這其中的關鍵點是，靈魂可以選擇重新投胎回到地球（或其他地方），或以更精微的方式繼續它的旅程，它知道這個選擇是由自己的進化狀態所決定。地球，作為一個物質顯化的星球，提供了許多學習和自我完善的方法。只有在這些課題都完成了的時候，才有可能進入下一個階段。然後，靈魂可以成為轉世生命體的指導靈，或是在很複雜的隱形組織中擔任一個職位。

回到臨終那一刻，我們肉體的部分會停止所有的活動，而精微體的部分則開始激烈地律動。精微體會重新調整、變得連貫有序、有結構、脫離，並改變其振動頻率，以便在**另一邊世界**繼續進化。這個過程是自然發生的，可以在所有生物身上觀察到。在我們人類身上，羅安觀察到，從**脈輪**（肉身與外界交流的圓錐形管道，從會陰到頭頂有七個核心點）釋放出的能量，會凝聚在一起並回到身體內部。

因此，脈輪會從第一脈輪開始依次關閉，而第七脈輪（位於頭頂）會保持開啟，因為所有的能量都會從這裡逸出。**氣場**的精微層會伴隨出現在這個過程。所有的能量最終聚集在頭部和頭頂上方，形成一大團能量，隨後逸出，進入另一個存在的層次。

有時候，這個過程會持續較久，甚至在死亡之前就開始運作。當一個人臨近死亡時，無論是生病還是高齡，都會呈現這樣的狀態，一腳踩一個世界，在這兩個現實世界中來來去去。在這種情況下，即使人在病床上，甚至是相隔數公里，也可能感覺到它的存在。這種現象正如克莉絲黛兒長篇敘述過的那樣，也是許多照顧臨終患者的照護員經常見證到的情況[3]。

若死亡是慢慢進入一個人的生命，那麼這個人便有時間準備、接受並了解發生在自己身上的事情。然而，若死亡是以突發的方式來臨，那麼很可能這個人會摸不著頭緒。他沒有心理準備，可能正處於生命的高峰期，這種突然的轉變對他而言似乎是不可能的。接著會因為受到驚嚇而僵住，再來就進入否認或拒絕事實的狀態。在人們生活中練習的靈性修行所塑造的意識開展，以及能經常連結光的精微層次的話，無論這個人的宗教或信仰為何，都能讓人對死亡這個轉化過程有更直接而平靜的理解。

然而，對於我們西方社會來說，死亡是頭號敵人。我們想盡一切辦法與之對抗。這種集體的潛意識就是以這種立場為標誌，並影響我們所有人。許多人寧願與死亡對抗、拒絕它或假裝它不存在，而非試圖了解死亡的真相。這非常可惜，因為如果以這種行為面對死亡，我們便會切斷與自己的部分連結。

死亡是我們的一部分。我們的身體本就設計為會死的，它遵循地球和諧所依賴的自然循環。想像一下，如果沒有死亡，地球會變成什麼樣子：一片混亂！死亡確實是生命的一部分，是一種必要且健康的組成部分。然而，這裡所指的死亡是**我們物質載體的消逝**。我們的靈魂則會繼續它的旅程。生命並未結束，只是以另一種形式延續下去。

3 請參閱史岱芬．艾力克斯和保羅．伯恩斯坦（編），《超自然經驗：臨床手冊》，第三章。

已故的家人與朋友是迎接亡者的最佳人選，並使其安心面對後續的發展。在陪伴臨終者的過程中，羅安和克莉絲黛兒都觀察到那條光之隧道，隧道中有逝去的親友出現，幾乎呈現清晰的輪廓，有時甚至顯現他們年輕時的模樣，並散發出無比的喜悅與愛。

當我詢問羅安**另一邊**會是什麼樣子時，她給我的極為私密的啟示讓我感到十分驚訝。事實上，她對這個問題有兩種不同的觀點。一個來自她在陪伴臨終過程中的觀察，當時她的感知能力讓她看到一個人離世後所發生的一切。另一個則源自她自身的經歷，她自己曾在一次企圖自殺後有過瀕死經驗。

在作為單純的觀察者時，她看到無數精微的層次，在浩瀚無垠、豐富多樣的隱形世界中，有著不同的密度、色彩與樣貌。萬事萬物都是依據不同的頻率光譜顯現出來，這些頻率有共鳴，有的則沒有共鳴，彼此交織，形成各種不同的現實。

然而，她的個人經歷卻完全不同。在她的瀕死經驗中，她立刻被指導靈接管，而她的選擇範圍非常小。她記得自己來到一個黑暗而沉重的空間，覺得自己處於失重狀態。她身邊站著一些藍色和紫色的人影，感到安全且被善意包圍著。她與這些人影談了很久，之後它們請求她返回地球，回到她的肉身。她拒絕了，因為她不想回到那充滿痛苦的生活，她不可能回去。她開始談判，直到達成某種協議，最終才同意回來繼續她塵世的生活。

這段經歷徹底改變她的人生。從那時起，**另一邊世界**的存在完全融入她的生活之中。

不僅僅是「死亡之後」的「**另一邊**」，還有那代表隱形世界，有無限可能的「**另一邊**」。

試圖補救我在通靈開始時的輕率行為，當時我太唐突地告訴羅安，我期待從父親那裡得到一些特定訊息，導致她因壓力而中斷與父親的連結，我決定孤注一擲。即便可能讓她感到更大的壓力，我要明確告訴她這次會談的目標。我的希望是，在我提出問題後的一瞬間，在放鬆的那個剎那，我父親短暫地突破羅安的緊張情緒，傳訊息給她，就像在眨眼之間完成一樣。我行動了：

「好吧……爸爸，你能告訴羅安我在棺木裡放了什麼嗎？」

「他笑著對我說：『你很喜歡玩猜謎遊戲吧？』他還是喜歡開玩笑……」

「是的……」

「我看到一只手錶和一副眼鏡。還有一些讓我聯想到乾燥花的東西，或者……我也不確定是什麼。」

「可以描述一下妳看到的嗎？」

「像植物，但是乾枯了……還看到一塊布。這塊布有沒有什麼特別意義？你再告訴我，有或沒有？」

「好，好……」

「還看到一支鋼筆，一支很漂亮的鋼筆。他從事專業的寫作嗎？這支鋼筆似乎象徵他的一種天賦。」

「對，他以前寫作……好吧，我叫他『爸爸』，所以現在妳知道他是我父親。」

「我大概有點猜到。」

「哦？怎麼猜到的？」

「透過能量，但我不太確定。你看，就是這種疑慮讓我無法完全確定，但在能量中，我感覺你們倆有某種熟悉的關係。」

至於那種像眨眼一樣瞬間傳來的訊息，其實不是那麼回事。那現在是怎樣？我爸是不是又走了？她還有在連結嗎？還是說，她的想像力在發揮作用？

「那麼，剛才給我的那些元素，妳是怎麼感知的？」

「透過一些畫面。其實我是屬視覺型的。」

「但怎麼知道是亡者傳畫面給妳，而不是某種超感知覺？或是妳的想像力？」

「因為他在這裡。我感覺到他的存在，就像是個具體存在的人。這不只是……該怎麼說呢，不是一種沒有個性的霧氣，這並不平淡無奇。我真實地感受到一種性格、一種存在的方式。這感覺很微妙也不容易描述，但我感覺這位亡者想要交流的意願。他想參與、想見證的欲望，促使我說出一些事情。」

「那麼，我父親現在催促妳說些什麼？」

「對這種情況，他覺得很好玩。」

「在我們正在做的事情中，他怎麼看自己的角色？」

「在他眼中，最重要的是見證，證明在另一邊還有其他東西存在。他還提到人的本質……我努力非常專注地聆聽，不曲解他的話。他談到，人類並不限於他們所認為的那樣，而比他們想像的更複雜和更豐富，然而意識到這一點很重要。」

「他發現這一點時感到驚訝嗎？」

「是的，真的很驚訝。同時，他感到一種解脫的形式，一種釋放感。他是個情感豐富的人……是個探索家，他喜歡發現事物並進一步去了解。面對這浩瀚世界，讓他興奮無比。他在另一邊的旅程才剛開始，還處於起步階段。」

「若他還記得的話，能跟我描述一下他死亡的那一刻嗎？」

「我一直停留在胸口的繃緊感：『再也無法呼吸，我被卡住了』，同時，心臟停了……然後是驚訝，因為他還沒有完全達成在人間的使命。他還有想實現的事情，他說：『我措手不及』……而且這似乎和他妻子，也就是你媽媽有關。他甚至感到內疚，想請求她原諒。他無法和你媽媽一起走到這段旅程的終點……」

看來又再度連結了，羅安剛剛說的都對。我父親不知道如何與妻子談論即將發生的事情。他曾多次對我提起，想到要留下她獨自一人就讓他感到焦慮。

「他還記得自己過世的那一刻嗎？」

「剛開始是整個恐慌：『發生什麼事了？』對於無法控制自己的身體感到恐慌。因為他是個非常聰明，頭腦很好的人，習慣用心智掌控一切。而現在，他完全無法控制自己的身體，一整個驚慌……之後一切都發生得有夠快。他讓我感覺一切都變得『**輕盈飄渺**』，像小雲朵……一種失重的狀態。這種輕盈、失重感是慢慢來的。我看到他開始脫離自己的肉身，從外界觀察自己，他的身體越來越喘不過氣。而他，已經不在自己的身體裡面，他變成這正在發生事情的一位旁觀者，理解到這一切已經結束。然而，他仍然守在肉身旁，我看到他……他看著自己死去……這讓人印象深刻。他看著自己離世，而我感覺他相當平靜。他明白這正在發生的事情，明白自己無法動彈，已經無法掌控任何事。我看到有人圍在他身邊幫助他。他什麼也做不了，再也無法說話。然後，他的身體終於放棄了。他一直待在身邊，沒有馬上離開。事實上，在整個遺體準備過程、告別式，甚至是儀式結束後，他都在場。他說：『我沒有馬上離開，我花了一段時間才離開，我無法就這樣丟下家人，太痛苦了……我待了相當長的時間才明白，我的歸屬已不在人間，是時候走向其他地方了。』實際上，他並沒有立刻離開。」

「這真的很讓人驚訝。我感覺我們正在交流，同時又能感覺到透過他的回答所呈現的距離感，就好像他已經不是我認識的那個人了……」
「完全就是這樣。他已經脫離你之前認識的那個身分，回歸到他的本體。他現在活在他的本體中，比一個轉世在人間的人更寬廣。不過，仍保留一些性格特徵，或他只是刻意再次展現這些特徵，讓你能認出他。」
「是這樣嗎？」
「是的。但正如你所說，他已在他方，繼續他的旅程，現在已經走在不同的道路……」
「他告訴妳，他在死後和葬禮期間都守在自己的身旁，所以他很清楚地看到我放在棺木裡的東西？」
「他跟我說：『是的』。」
「那他傳遞什麼訊息給妳？」
「我看見另一樣東西，像是個小布偶，一個南美的小布偶，但我不知道為什麼……」
「我現在無法給你回應。」
「一個非常簡單的小布偶。有顏色，用彩色布料做的……這些畫面突然湧現，出現在我內心的螢幕。這可能是象徵性的，有時不一定要從字面上解讀我看到的畫面，而是把它當成一種象徵。」
「他有顯現，他，自己躺在棺木裡嗎？」

「當我和他一起在他的棺木前時，我感覺他非常煩躁，非常憤怒。」

「為什麼？」

「我覺得事情並沒有按照他所希望的方式進行……我聽到他說：『簡單，簡單的東西。』他感到很惱怒……我們努力穿越這種情緒，進一步了解其他事情……還有，對於沒有完成他在人間想做的一切事情感到生氣。我們再回到棺木的話題……」

他是不是很生氣，因為無法讓羅安理解我藏在棺木裡物件的性質？當羅安復述我父親所說的：「簡單，簡單的東西。」時，我真的感覺是在對她說：「天啊，這明明就很簡單，一些簡單的東西！」。言下之意：「我傳達給妳的東西，為什麼妳看不見呢？這明明是一些簡單的東西！」。我的詮釋完全是主觀的，但又如何呢？這或許是對的，因為在與羅安的這場通靈剛開始時，她和父親之間建立連結的真實性讓我信服。但從某個時刻起，是她自己的情緒扭曲她所接收到的一切。

「我試圖弄明白：當處於自然狀態，沒有任何期待時，訊息會出現而且非常準確，但當我提出問題時，感覺好像一切都會亂了套，沒了方向。」

「是的，就是這樣。我看到一些東西，但這不再有意義。」

「就像想像力與其他事物混在一起？」

「是的，我想是的，所有的東西都混在一起。而且需要知道的是，亡者經歷過不同階段後，他們也會忘記。也就是說，所有物質的東西會一掃而空。對他們而言，那些東西已經不再重要。」

「是的，但他知道，也向妳確認了，這幾場通靈的其中一個重點就是，提供我所期待的答案。」

「我終究會達成的。我看到很多東西，但都朝不同的方向開展……」

沒有，她最後沒有達成。儘管在這場通靈交流開始時，羅安展現出非常強烈且令人信服的連結，但她卻無法毫不含糊地告訴我任何一個物件。

然而，我從這次與她的會談中獲益良多。除了她分享她令人難以置信的生命歷程，她也帶我探索她的世界，這場以小失望結束的測試部分，事實上非常具有啟發性。這次通靈讓其他場的測試更為完整，尤其是與克莉絲黛兒進行的那場。它顯示了情感因素在通靈中占有關鍵的重要性。對於那些想要更了解通靈的可能性和局限性的人來說，這一點應該要記住，也需要納入考量。

提出問題並不見得一定會得到正確的答案。

佛蘿倫絲（Florence）

佛蘿倫絲．余白（Florence Hubert）是近十年前我認識的第一位靈媒。那一天，我了解到公開通靈大會是怎麼樣的形式，而對她來說，那時她剛開始從事這個行業，這對她也是初次嘗試。坐在幾百人的觀眾席中，我驚訝地發現她和其他在場的靈媒似乎能感知在我們人群當中的亡者，他們描述的亡者細節往往非常地精準。這引發了在場人群的強烈情感反應，因為有人認出已故的孩子，或家人。

我弟弟托馬已去世多年，我懷著他能現身的希望。因此，當佛蘿倫絲站在舞台上對我說，她感應到有一個亡者正站在我身旁時，我既震驚又充滿好奇。然而，活動的主辦單位因為活動節目的進度落後而打斷她的發言，我因而無法得知這件事的後續發展。

從那時起，我有多次機會與佛蘿倫絲共事，並注意到她通靈能力的精準性與強大力量。我也因此觀察到，通常她能好好地控制自己的情緒，即使像所有敏感的人一樣，仍然難免會受到情緒影響。不過，這種影響主要體現在像我們今天要進行的這類測試，而非她個別或公開的通靈服務。事實上，她已同意與我在不同的情境下進行各種實驗，而其結果有好幾次都令人驚訝不已。

儘管如此，我還是會擔心。我非常清楚，即使之前所有的通靈會談都是在互信的氛圍下進行，但無論靈媒的能力有多強，對失敗的恐懼仍然是我們最大的障礙。

現在我知道，要靈媒處於透明純淨的狀態是一件多麼困難的事，也就是說，處於一種完全不受個人心理影響的純粹感知狀態。我也明白，對於在**另一邊**的亡者而言，要完全與我的期望同步顯然是一件棘手的事情，而且我的優先順序不一定與亡者（尤其是我父親）一致。

儘管如此，我還是決定開始這場通靈會談，就像對其他靈媒一樣，不給佛蘿倫絲任何提示，甚至在開始時連照片都不給她看。以這種條件要求她捕捉一切湧現資訊的方式，我冒著會看到一些無法辨認的人的風險，因而在我父親出現前會浪費一些時間和精力。但我感覺佛蘿倫絲是有辦法的，我也想弄清楚是什麼原因促使某位亡者出現。

奇妙的是，最先出現的是瓦迪姆（Vadim），那位與我弟在同一場事故中喪生的法國年輕人[1]。佛蘿倫絲實際上跟我描述許多細節，讓我很快就明白確實是他，特別是一些我從未提及過的特徵。他為什麼來呢？聽他透過佛蘿倫絲所說的話，他主要是想告訴我，他現在過得很好，已順利**過渡**到另一邊世界，並沒有受苦。佛蘿倫絲告訴我，他以快樂的姿態出現，眯眼睛笑著。我確實記得他這個模樣，瓦迪姆有頑皮又愛笑的眼神，從杏眼中流露出高敏感度和許多智慧。這次碰面既出乎意料又令人感動。大約持續了十分鐘，相當清楚而直接，沒有任何猶豫，然後有另一個人突然插了進來。我再提醒一下，佛蘿倫絲當時手邊並沒有任何照片。

「你父親去世了嗎？」

「是的。」

「他在世時神智清楚嗎？」

「我會盡量少說些細節……」

「哦，好吧……我感覺有個神智不清的男人，我頭好暈啊。我也感覺他內心有滿滿的愛，但可能不知道如何表達。我還感覺到和他有關的數字二。你還有一個兄弟嗎？」

「是的。」

「你們原本是三個孩子？現在兩個還在，但一個離世了，是這樣嗎？」

「沒錯。」

「就像他畫給我一個L，或是一個I的開頭……這個男人叫什麼名字？」

「如果妳不介意的話，我寧願什麼都不說……」

1 請參閱之前提過的《死亡不是異鄉》，史岱芬．艾力克斯。

「好吧……嗯，L……或許是路易……」

「路易？那是他父親的名字。」

「他找到路易了。」

在沒有任何提示的情況下，看起來很明顯是我父親被佛蘿倫絲捕捉到了：「一個神智不清的男人」，這正是他生命末期的情況；與愛有關的交流問題，是的，我們之前見證過；還有路易。這麼快就說出一個名字，**碰巧**就是我祖父的名字，不得不承認這真是一個非同尋常的巧合。因此我父親就自然而然地顯現，甚至不需要我出示他的照片。而佛蘿倫絲立刻感覺這人是我父親。一切都順利地開始。

「我看到一個很有個性的人，必須尊重他的選擇。他離世多久了？」

「一年半。」

「你長得像他……哦，是的，我看到他的臉。他對自己在人世間的旅程沒有遺憾，但對他生命末期有些悔恨。有些事他很難釋懷。他以前害怕死亡嗎？我感覺到那種不安……」我深深吸了幾口氣……他是在醫院去世的嗎？」

「是的。」

佛蘿倫絲在提出最後一個問題時，用力吸了一口氣。我們或許可以對任何人說「他害怕死亡」，這樣的說法不會出錯，但她提到那種我父親特有的呼吸困難。

「這先生很內向，不太擅於表達自己的感情，他為自己沒能解釋而道歉。他是個喜歡待在戶外、喜歡大自然的人，喜歡前面有空地的房子……你父親有過苦惱的時刻嗎？有過孤獨的時刻？」

「有。」

「他對我說：『妳看到一顆牡蠣嗎？牠會自己合起來。』就是這樣，這是他：自我封閉，和別人相處時無法做應該做的事情……」

佛蘿倫絲顯然非常確定她正在與我父親交流，但我從未向她證實過這一點。當她的感知非常強烈時，我認得她那種自信。特別是她提到我和她所看到的人有相似之處。她所補充的內容與父親的個性完全吻合：一個內向的人，當需要表達感情時就像牡蠣一樣自我封閉。同樣準確的是，她提到他對大自然的熱愛，這棟有戶外空間的房子……毫無疑問，我們現在正與他連結著。我決定拿出照片給她看。她看著照片。

「我看到的就是他……看到他更年輕的樣子，這就是為什麼你看起來像他。你父親以前不喝酒嗎？」

「他喝酒……」

我覺得佛蘿倫絲很不好意思問我這個問題。我用肯定的方式回答她，但沒再說更多的細節。

「他稍微提到酒瓶的事。我不知道他要在這件事裡找什麼，但他時不時會找一下……有人把酒瓶推到後面……我對你（當然也對家裡其他人）有個遺憾和欠你一個道歉。」

喝酒對我父親來說並不算是個真正的問題，但確實每天都出現在他的生活。沒有一餐沒喝紅酒，午餐和晚餐都如此，再加上餐前酒。結果在他生命的最後幾年，喝酒習慣影響了他的健康。我和我弟透過持續的努力，才成功地擺脫這種破壞性的心理依賴。

因為當現實讓我們感到害怕或絕望時，喝酒是讓我們不用面對現實的一種既理想又合法的方式。在一個我們難以找到自己位置的世界，它提供一個喘息的機會，雖然短暫且虛幻，但卻非常受歡迎。當我們不再有意志力去了解自己的恐懼，當一切都太艱難、太不舒服時，喝酒讓我們可以按下暫停鍵。酒允許我們這種溫和的逃避，這種溫柔的卸責。當我們可以輕易地把問題拖到明天，為什麼要面對現實呢？這個問題很快就變得無法克服，因為明天永遠是明天。

對於大量飲酒的人來說，如同我們家的情況，喝酒反映出他們內心一種難以抑制的渴望，想要踏上一條靈性探索之路……卻找不到入口。

於是我們變得筋疲力盡、萎靡不振，越來越沒有勇氣去做其他事，而能量就耗盡了。酒精是一種持續的死亡，一個陷阱，可怕的陷阱。它不像死亡那樣允許我們邁向某些新的事物，而是讓一切凍結。凍結了生命、愛、能量和勇氣。把我們困在一個令人麻木的漩渦，生命最後就這樣流逝，我們老去，而我們往往在最後一刻才意識到，我們錯過了人生。

然而，解決方法其實很簡單：別再喝了。明白嚴格遵守節制的紀律，讓我們得以時時刻刻變得自由自在且充滿活力。這麼一來，那些至今仍隱藏不見的東西很快就會出現在我們眼前：答案。

生命的意義，唯有當我們親手塑造它時，才真正浮現。

因為，生命的意義並不會從天而降。

沒有人會將生命的意義賦予我們。不論是上帝、佛陀，還是任何人。除了我們自己，沒有人能夠給予它意義。

然而，我們觸及了一個當代社會的核心問題：它讓我們誤以為，無論是事業發展、個人成長，甚至是靈性修行，都能夠透過一條輕鬆且愉悅的道路來實現。於是，我們被捲入這場消費與遺忘的競賽裡，甚至連靈性修行也成了一種商品，而不再是一條需要努力與自我省思的道路。然而，自由、光明與生命的意義，並非透過自我封閉來獲得，而是透過每分每秒帶著信心與希望去迎向世界。這意味著，我們要將光帶入所有隱藏的陰影之中。然而，我們往往選擇掩蓋它，拒絕改變——當事情不如意時，我們告訴自己：「還可能更糟，所以不如維持現狀。」於是，我們什麼都不做，週末則放縱狂歡、尋求娛樂，日復一日，生命就這樣匆匆流逝。值得慶幸的是，死亡最終會讓我們擺脫膽怯與憂懼，並讓我們得以偶爾回歸到真正的自己。

因此，酒精或許在某種程度上保護了我父親，卻也使他無法真正獲得內心的平靜。而這一點，顯然是在他離世後才變得更加清晰。

我們都是靈媒。每個人都擁有這種能力，可以感知一般感官無法觸及的事物。對許多人來說，這種能力還處於萌芽階段，從未表現出來，甚至可能被壓抑。相反的，對另一些人來說，這種能力可能變得過於強烈，甚至失控，最終將他們推向瀕臨瘋狂的邊緣。然而有些人能夠發展這種能力，培養它，理解它，並以驚人的方式加以運用，就像我在這本書中遇到的那些靈媒一樣，比如佛蘿倫絲。是的，毫無疑問，人類天生具有一種能力去感知這種精微的、隱形的、充滿靈體、指導靈、能量和亡者的世界，他們圍繞著我們，並融入我們現實的一部分。

回望童年時期，佛蘿倫絲一直都會看到稍縱即逝的影像、有過驚人的直覺時刻，還能聽到一些聲音。在成年之前，她與這些感知有複雜的關係。剛開始，這些感知讓她有些害怕又充滿好奇，但在青春期時，這些感知卻是讓她感到非常排斥和痛苦的根源。解決辦法來自於成年之後：完全關閉這些感知，拒絕接觸它們，過個已婚女性的正常生活，有孩子、房子，到科西嘉島度假和開好車的舒適生活。然而，在這些外在的表象之繭中，她的內在感到受困。四十歲在鬼門關前走一遭，讓佛蘿倫絲明白不能無限期地逃避真正的自我。這個啟示來得很猛烈。

當她還小時，佛蘿倫絲經常聽到呼喊她的耳語和聲音。她哥哥比她大三歲，也能感知「某些東西」。但小孩無法用語言表達出來。他們很少談論這件事，因為大人總說這只是他們的想像力。他們在學校接受的宗教教育談到天堂、地獄和煉獄。也許這些是鬼魂？恐懼接著就油然而生，因為鬼魂會「讓人害怕」。

但佛蘿倫絲起初什麼也看不到，至少不是馬上能看到。她說，一切從感覺到某種存在開始。漸漸的，她確實開始看到一些影子，感覺有人輕撫她的頭髮，輕輕掠過她的身體。呼喊她的聲音依然叫著：「佛蘿倫絲。」她不知道這些聲音從哪裡來，也不知道為什麼。在學校有少許幾次她講過這些事情，卻引來同學的嘲笑和開她玩笑。

於是她決定一個人處理這一切。

不過……也並不完全是獨自一人。

即使佛蘿倫絲從很小時就很善於應變和獨立自主，但她從出生就擁有一個重要的盟友：她的指導靈。一個以最特別的方式與她建立連結的指導靈。

我問她那次相遇是如何發生的，佛蘿倫絲猶豫了一下，站了起來。「我會給你看看我的朋友，不過你不能嘲笑我，好嗎？」接著，她從一個紙箱裡拿出一個舊的黃色毛絨玩偶，對我說：「這就是我的密友。」她解釋，這是她出生時就擁有的黃色貓形玩偶，小時候常對它說話。我當時不明白，於是就告訴玩偶這些事情。然後她繼續解釋，例如當她感覺某種存在或聽到讓她害怕的**事情**時，她會抱著這個毛絨玩偶，向它傾訴。奇怪的是，每當她向玩偶問一些問題時，它會**在她的腦海裡**給她答案，這對當時的小女孩佛蘿倫絲而言是再自然不過的事。這個小小的布偶玩具在某種形式上成為她與指導靈建立連結的一條導引線。佛蘿倫絲從未離開過它。每個晚上，這隻黃色小貓都跟她一起睡覺，佛蘿倫絲把它當成知己一樣跟它說話。在任何情況下，她都不斷地問它並得到回答。這些問題可能與她的朋友有關，或其他任何話題。

如今，佛蘿倫絲早已明白玩偶不會說話，她解釋，這個物件是她與指導靈之間的一種「**約定**」，而她直到很久以後，才發現這位指導靈的真正身分。

所以最初這個過程完全是在無意識中進行的：一個小女孩對她的玩偶說話。對小孩來說，玩偶回應不是反常的事。隨著她逐漸長大，開始意識到另一個現實逐漸浮現。她聽到一個聲音，但是在腦海裡，而且那不是她自己的聲音。這是我第一次聽說有指導靈使用毛絨玩偶來與某人展開對話。這真是個巧妙的想法。

那隻毛絨玩偶現在被珍存在盒子裡，佛蘿倫絲不再需要它了，因為現在她知道和指導靈的關係要如何運作。然而，這隻毛絨玩偶作為他們的媒介已經超過二十年。事實上，直到她第一個女兒出生後，才將玩偶收進盒子裡。

不知道有多少次，佛蘿倫絲聽到母親問她：「你到底在跟誰說話？」因為與隱形的存在，特別是與這位指導靈的對話，一直是她生活中的一部分。她有一個類似天使的保護者，雖然她看不見，但祂一直在給她建議。祂保護她，讓她遠離那些可能會傷害她的人。例如在學校，那個聲音會提醒她注意某段複雜的關係，避免這關係傷害她作為孩子的敏感心靈。佛蘿倫絲現在認為，這是一種無價的保護。她笑著說：「我絕不會用它去換兩桶洗衣粉，這是肯定的！」

佛蘿倫絲一直是個孤獨的孩子。在青春期，她變得像男孩子一樣。她與別人相處越來越不自在，寧願遠離人群。在這個建立自我的年齡階段，她卻感覺自己正在崩塌。只有她經常練習的舞蹈讓她維持一些社交關係。然而，當她朋友外出玩耍、開心娛樂並熱衷於打扮時，佛蘿倫絲卻待在角落，留短髮，穿牛仔褲、沒有腰身的寬大T恤和木底拖鞋。這種封閉的生活持續了兩年。即使她什麼都沒表現，別人還是覺得她很怪，而孤獨似乎是避免被嘲笑的唯一方法。

因為她「**與眾不同**」而變得非常脆弱，因而從進入高中開始，佛蘿倫絲下定決心無論如何都要融入群體。她再也不想經歷她所經歷的一切。她想要和朋友一起玩得開心，不想再聽到任何關於她與眾不同的評論。然而，她的感知能力仍在，而且她不知道該如何阻止它們，不想再聽到指導靈的聲音，她決定主動而且故意去做與那聲音建議相反的事情。這必然給她帶來一些麻煩。內心的屏障打破了，開始與不好的人往來。介於青春期的愚蠢行為、魯莽，以及無法抑制的敏感，佛蘿倫絲從一個極端走向了另一個極端。事情發展得很嚴重。警察甚至有好幾次上門拜訪。這讓人感到非常不安。

隨著她進入青春期，佛蘿倫絲始終處於危險的剃刀邊緣，徘徊於物質世界和那個她知道有東西存在卻無法理解其本質的靈性世界之間。「妳不是瘋子，佛蘿倫絲，但不要談論這些，默默地與它們共存吧。」她最後對自己這樣說道。這就是她要做的。

在她童年時期，這種與玩偶的對話讓她感到安心，也對她的成長有幫助，但當她結婚為人母後，她開始想要了解這個聲音從哪裡來。她需要用語言來表達這部分的自己和生活。於是她開始**請求**，直到有一天，她經歷了一次永生難忘的事件：她的引導者向她顯現。

這件事發生在深夜。那就像一股無條件的愛之釋放，完全無法掌控的事件。一種來自她自身之外的感覺。當時佛蘿倫絲感到非常舒服，她非常激動，並聽到那如此熟悉的聲音跟她說自己的名字。她內心完全明白所發生的事情，以及這件事所代表的意義。知道那是她的指導靈。這並不是她當下想像出來的感受，這根本不可能。她體驗到與一位至高導師的連結之強大力量，這股力量比她還強大，流過她的身體，完全沉浸在這股幸福的浪潮。

在那個時候，她從未讀過任何關於指導靈或類似的主題。她甚至根本不用「指導靈」這個詞，而是叫祂「我朋友」。

當時佛蘿倫絲剛滿二十歲，有一個小孩。她沒有跟老公透露自己這個部分，他無法理解她的感受，這對她來說十分艱難。結果是一場車禍為這段婚姻畫下了休止符。一次情感上的衝擊導致他們離婚。最奇妙的是，如今這位男子不僅完全了解他前妻的工作，他們現在相處得非常融洽，甚至有時還會來諮詢她。

自青春期以來，佛蘿倫絲會跟她母親討論這些話題，這對她的幫助很大。那次與指導靈的驚人相遇一年多以後，正是因為她媽媽的關係，另一件重要的事得以發生，那是與一位住在南特的靈媒碰面。

她走進那位女士的工作室，靈媒凝視佛蘿倫絲，然後直接跟她說：「很高興見到妳，佛蘿倫絲。」接著她補充，她的指導靈正在等她，並告訴她指導靈的名字……這正是祂在那個極其深刻的夜晚，在佛蘿倫絲耳邊低語的名字。這次的確認對她來說很震撼。靈媒繼續透露更多訊息，而佛蘿倫絲看到她早已感知到的一些事又一次重現。例如她的指導靈和她在前世是雙胞胎兄弟，這是多年前佛蘿倫絲憑直覺告訴母親的事情。

這位女士給佛蘿倫絲很多協助，讓她找到方向，使自己安心，並更理解她從隱形世界接收到的訊息，最後終於能用語言來表達另一邊的世界。此外，靈媒告訴她，她會成為靈媒，而且她的感知能力會越來越強，佛蘿倫絲當時才二十五歲。

但不久之後，她認識了日後成為第二任丈夫的男人，並一頭栽進一個超物質化的世界裡。她再次把自己的靈性能力完全封閉，那時佛蘿倫絲是一名藥劑師助理。她在這段婚姻中生了兩個孩子。然而，這種生活總有些東西不太對勁，只不過舒適的生活和充裕的金錢讓她無需想太多。

然而，靈媒的預言一天一天地得到驗證：佛蘿倫絲的感知能力越來越強。儘管她沒有告訴老公，但這變得越來越難以招架。時間越久，佛蘿倫絲感受的、看到的、聽到的就越多。**有些東西**正在她內心成長，變得越來越明顯，但佛蘿倫絲拒絕接受。她越是壓抑，這種感覺就越強烈，直到二〇〇一年八月二十五日那天爆發意外，也就是佛蘿倫絲去世那天。

在圖盧茲北邊的公寓，佛蘿倫絲坐在我面前。她與我父親交流已有一段時間。就像與其他靈媒一樣，他談到自己生活中的不同面向和生命末期。佛蘿倫絲告訴我，她能聽到他的聲音，並看到他傳遞的畫面。

「我看到他坐下又站起來，他的雙腿也不再顫抖了。我感覺他今天很健壯，頭腦很清醒。」

在他生命的最後幾週，行走困難，而我們必須要扶著他。佛蘿倫絲傳達的畫面清晰而準確。

「失去你弟弟這件事摧毀了這個男人。他告訴我『那是一個大悲劇』。在你弟弟去世後，他不再像以前……一定有什麼事情出錯了……」

「是的。」

「你有一個女兒嗎？因為他告訴我：『關於那個女孩，她很漂亮，要告訴她，爺爺一直守護著她，她不需要害怕。你女兒會害怕自己成功嗎？』」

「我會告訴她……」

「他對我說：『我正在蹦蹦跳跳』。這位先生在生命末期幾乎不太能走路，是這樣嗎？」

「沒錯。」

「他告訴我，『我正在蹦蹦跳跳』。他很快樂，在那邊找到他兒子。但我無法連結到你弟弟，現在不是時候……」

「他能描述一下自己的生命末期和離世之後的情況嗎？」

「這個人在生命最後階段相對孤單。很奇怪，不知道是他失去了人生的線索，還是腦子裡有些什麼卡住了，理不出來。他對『**去另一邊**』感到害怕。後來，就像突然整個人放棄了……真的很奇怪，我說不上來為什麼。但即使他在醫院裡有些意識斷線了，他還是聽得見別人說話。他很開心，因為沒有人說他壞話，他真的很開心……那個J……你爸爸叫什麼名字？」

「尚－皮耶。」

「沒有人說壞話」，是他指我在他臨終那幾天，特別小心不說任何負面話嗎？

「他容光煥發，在那裡很高興，還找到幾個朋友。你可以問問你母親，我想應該是何內（René），對……何內，是他在另一邊世界重逢的一位非常要好的朋友。」

父親最親密的朋友之一就叫何內。說的是他嗎？是巧合嗎？這位何內是在英國的一場車禍去世的。

「是的，他有個朋友叫何內。」我回答。

「『我們在聊天』，這是我聽到的。他是個聰明人，不喜歡被打擾，他非常在意這一點……你有向他道別嗎？」

「有的。」

「他告訴我：『我真希望能再跟你說一次再見，再見。』我不知道你們的關係如何，但很顯然他是個不善表達情感的人。他本來想再多說一點，但他又說：『你們不要感到內疚。』很奇怪……『對我來說，命運早已寫下……希望能找到我兒子』。他想見你弟弟，渴望能再度與他相見……六月對這位先生來說很重要。」

「他在六月過世。」

我們最後的道別在我心中依然歷歷在目，非常清晰。那是週五晚上，而他在週日下午去世。奇怪的是，那天我專程從巴黎來回一趟，只為了陪他幾分鐘。當時已經安排好由我母親陪他過夜，所以我本來可以避免在週五晚上跑這一百五十公里的路程。我們三個人因輪流守夜照顧爸爸而筋疲力盡，但那天晚上好像理所當然我必須去看他，所以我毫不猶豫地上路。

我看到他獨自一人待在病房，我們聊了幾句。他沒吃東西，有時有點搞不清楚狀況，比如試圖打開他的杯子，就好像杯上有隱形的蓋子，還要求我在紅甘藍沙拉裡加水來調味。他意識到這很荒謬，但總體來說，他的狀況還算可以。我們聊了點文學，我問他，哪一本或哪幾本書對他最重要。其實我知道答案。他提到三本書，他說「有兩本是無法企及的，因為它們的文字無可匹敵」，《戰爭與和平》和《巴馬修道院》（La Chartreuse de Parme）。第三本是……《韃靼荒漠》。

大約在晚上八點，提醒他明天我會再來，還會陪他過夜後，我向他道別，走出病房，踏入走廊。然而，剛走出幾步，我突然猶豫了，彷彿有股力量在召喚我留下來。我母親很快就會到，我沒有任何理由擔心，但我還是折返病房。對於那一刻的猶豫，以及那股讓我折返病房的強大力量，我依然記憶猶新。我推開門，他仍然坐在床邊，與我離開時一模一樣。手握門把，我直視他的雙眼，問他是否確定我可以走了。他回答：「可以。」那是我們最後的對話。「可以，沒事，你走吧。」他目光轉向我，帶著情感注視著我，然後又轉向窗外，望著天色微紅，訥穆爾教堂的尖塔，以及緩緩降臨的夜幕。於是，我再次走出病房，緩步踏入那條漫長的走廊，這條醫院的走廊彷彿遼闊無邊，沒有盡頭。我感覺自己像是被無形的力量束縛住，與父親之間仍有一道無法割斷的連結，讓我無法真正離開。

爸爸凝視窗外，看著白晝漸漸消逝，那是我最後一次見到他清醒的模樣。他已經有些遊離，困惑，在兩個世界之間。

我們已經道別，但我想，他或許還有話想對我說。

或許，他只是找不到合適的話。又或者，還有什麼是能說出口的呢？

我為我們最後的目光交會感到欣慰，那一刻，既美麗又脆弱，既深沉又轉瞬即逝。那個週五晚上，我沒有任何不得不去醫院的理由，但我還是去了。理智上，我無法預知未來，但內心深處，某個部分早已明白。因此，我開車來見他，也因此，我在走廊上折返，回到他的病房。

第二天早上，他做了最後一次腹水穿刺。媽媽離開的時候，他依然清醒，但不久後便失去意識。就在同一時間，我正在巴黎家中，記得當時心情很沉重，彷彿被吸到地上，害怕夜晚來臨。傍晚時我再度前往醫院，他已經昏迷不醒。直到後來我才意識到自己有多麼幸運，能聽從內心那小小的聲音，讓我可以和父親說再見。

二〇〇一年八月二十五日，佛蘿倫絲在科西嘉島的韋基奧港（Porto-Vecchio），那是她一家人經常度假的地方。那天的行程安排是潛水，是夏天最後一次潛水，地點是以盛產大型石斑魚而聞名的深海區域。那時，佛蘿倫絲做很多這種高難度的運動，並擁有相當熟練的技巧。

前一天的晚餐吃得很清淡，佛蘿倫絲也睡得很好。在前往潛水地點的船上，她開始準備潛水裝備。天氣非常晴朗。他們共有四個人一起潛水：她前夫、兩位朋友和佛蘿倫絲。

抵達潛水地點後，四人下水，隨即消失在水面下。因為距離太深，此時還看不見海底，佛蘿倫絲就借助船錨的鍊條往下潛。到達水面下四公尺處，為了安全起見，每個人都停下來檢查裝備是否都正常運作。空氣調節器、氣瓶、空氣輸入口，所有的裝備都已檢查過。一切正常。他們開始潛入一片清澈透明的海。隨著逐漸深入海底，光線減弱，周圍變成一片藍，水溫降低，而水壓增高。四位朋友開始隱約看到海底的黑暗輪廓，不久便輕輕降落在那裡。他們現在位於水面下四十一公尺處。在這樣的深度，潛水是不容掉以輕心的。

佛蘿倫絲降落在海底，蛙鞋揚起一片沉積物雲霧。成群的小魚蜂擁而至，爭相吞食因潛水者攪動海床而散開的微生物。這畫面壯觀無比。他們再次進行安全檢查，潛水者互相對視，示意一切正常。這時，一盞水下手電筒亮起，在這片陽光已被海水層層過濾、只剩灰藍色調的深海中，瞬間綻放出絢爛的色彩。

潛水者開始移動，佛蘿倫絲在隊伍最後，她前夫在她前方。第一位潛水者回頭向同伴打手勢，表示他剛剛看到一條大魚。所有人都跟著他，進入兩塊巨大岩石之間。第一位潛水者游過去，第二位和第三位也跟了過去，最後輪到佛蘿倫絲，在她向前移動時，吸入一口氣，但突然間，她嚇呆了，竟然是鹹水滲入她的呼吸調節器。

她立刻本能地抓起海底的一塊石頭，敲擊金屬氣瓶，要引起在她前面的潛水者注意。她前夫轉過身來，佛蘿倫絲把手橫放在喉嚨，向他打手勢表示自己已經沒有空氣了。他立刻游到她身邊，停在她面前。她試著再次吸氣，但仍然只有海水進入。她前夫毫不猶豫地把自己的呼吸嘴遞給她，同時接手佛蘿倫絲的呼吸嘴。

但問題大了：佛蘿倫斯啟動閥門，排出呼吸嘴裡面的水，然後含入口中，卻……吸進了一口水。

到底發生了什麼事？明明她前夫剛剛用佛蘿倫絲的呼吸嘴正常地呼吸了。恐慌開始蔓延，佛蘿倫絲瞪大眼睛，完全不了解狀況，也不知道該怎麼辦。她再次向前夫打手勢，示意自己仍然無法呼吸。她本能地抬起頭，但水面實在離她太遠了。在她頭頂上方，只能看到無邊無際的水。她知道自己沒有時間浮上水面。她必須在當下所處的地方想辦法呼吸，否則就無法倖存。

一切都發生得很快。

她前夫把自己第二個備用呼吸嘴給她。這個呼吸嘴在潛水前也檢查過，運作正常。肺部強烈渴求空氣、呼吸的需求變得越來越難以忍受，佛蘿倫絲清空了呼吸嘴，把它放進嘴裡並吸入……水。

就在那一刻，她意識到自己要死了。她知道已經沒有時間浮上水面。她帶著驚恐的神情看向前夫，然後望著看不見的水面，接著又將目光轉回到她眼前的臉孔。一切在她腦海中碰撞、失控，恐慌以極快的速度蔓延開來。出於無法控制的求生本能，她吸了一口氣……然後，一切停止了。

她死了。

但她還能看見。

她突然發現自己在一旁。

她注視這幕場景：面對正抓著她救生衣肩帶的前夫。其他兩名無助的潛水旁觀者看著正在發生的悲劇。

她從遠處看著這一切。

她身處四個潛水者的右邊，不明就裡地盯著，既疏離又深感困惑：「但我沒死嗎？」這感覺像是一部難看的電影，或是一場夢……就在此時，她的右側出現一種像霧的東西。佛蘿倫絲提到某種無邊無際、極其明亮且溫柔的存在。她毫不遲豫地投入其中，甚至沒有生出任何疑問。

她置身於一種令人愉悅的氛圍中，感覺非常舒適，非常美好。感覺有雙手臂將她托起，沒有頭暈目眩，思緒不再混亂。佛蘿倫絲感到完全平靜、自信且非常安詳。感覺自己沐浴在愛的光芒。接著，她進入一個彷彿由光打造的，巨大而十分明亮的空間。那裡有張長椅。佛蘿倫絲有片刻疑惑自己身處何地，接著她看見了自己的指導靈——這是她人生中第二次見到祂。

正是祂托起她，然後鬆開手，站到她面前。佛蘿倫絲這時發現，自己正對著一張長椅，而椅子上突然出現了三個生命體，看起來像戴著兜帽的修道士。當中間那位抬起頭時，佛蘿倫絲看見祂那雙異常深邃的藍色眼睛。這位生命體開口問她：「現在，我們該如何處置妳呢？」佛蘿倫絲毫不猶豫地回答：「我要留下來。」

此刻，世間的一切都變得無足輕重。儘管她是三個女兒的母親，但她沒有絲毫遲疑，堅定地說：「我想留在這裡。」

然而，那三位生命體告訴她，這並非她的歸宿。隨即，它們向她展示了一幅全景畫面，就像電影般在她眼前展開，一幕幕閃現她生命中的片段——她的童年、婚姻、女兒的誕生、兄弟姐妹……這些畫面在一個巨大的光球內飛速閃過、交錯、交織，如同一條錯綜複雜的生命之線。當佛蘿倫絲再次看向這些生命體時，中間那位對她說：「現在，我們要讓妳看看，妳為何而來。」

但對於這一切，佛蘿倫絲完全沒有記憶。

一片空白。

她突然意識到自己回到身體，那三個潛水者正帶著她往上浮。當他們到十五公尺深時，她恢復了意識。她前夫控制抵達水面的速度，儘管情況緊急，但如果在海底剛發生的事情，再加上減壓意外的話，那會致命。佛蘿倫絲先是聽到泡泡的聲音，然後意識到自己能再次呼吸。他們把呼吸嘴固定在她的嘴裡含著，現在可以正常運作。當完全清醒並意識到自己仍在水中時，佛蘿倫絲不想在那多待一秒鐘，出於無法抑制的本能反應，她抓住自己的呼吸調節器，匆忙地為她的浮力背心充氣，因這背心之前在水底時被其他潛水者特地放氣。這個舉動的效果立竿見影，她像一個充滿空氣的氣球迅速浮升，從十五公尺深的地方在兩秒內回到水面。

鼓膜破裂，右臉癱瘓，佛蘿倫絲嘔吐不止。情況非常危急，救援隊迅速到達，佛蘿倫絲被直升機送往阿雅克肖（Ajaccio）的醫院，然後安置在減壓艙中治療。

由於她在海底失去意識，因而避開了吞入海水和溺斃。她昏迷了幾分鐘，這正是她被慢慢地、小心翼翼地帶往水面的時間。而在這段超越時間的片刻中，佛蘿倫絲經歷了一次短暫的死亡，體驗了所謂的「瀕死經驗」。

當她從減壓艙治療室出來時，她老公看著她說：「我認不出妳了，妳的眼神變了，妳已不再是我的佛蘿倫絲，妳變了。」她回答：「的確如此，那我們還在一起做什麼呢？」

「**覺醒**」，這個詞很貼切，就發生在醫院裡。

佛蘿倫絲在兩週前剛剛慶祝完她的四十歲生日。

最令人驚訝的巧合是，就在那天，在一艘停泊在韋基奧港海灘附近的船，有一位度假者從遠處目睹整個事件：急救醫療隊的行動、直升機的起飛。當時他們彼此並不認識，但幾年後，這個男人成了佛蘿倫絲的朋友。他就是尚－賈克・夏博尼葉（Dr. Jean-Jacques Charbonier），來自圖盧茲的醫生，研究瀕死經驗的專家。

這種情況經常發生，即使像佛蘿倫絲剛剛經歷那種震撼的覺醒，也不一定會立即帶來生活的徹底改變。佛蘿倫絲花了三年的時間才決定離開。然而，就從那時起，在短短幾個月內，她遇到幾位靈媒，他們向她證實現在正是時機，而且她有能力走這條路。於是，她毅然踏出第一步。她離開丈夫和原本的生活方式，帶著女兒們搬進租金較低的房子，並成為了一名靈媒。

像亨利靈媒一樣，她是透過公開的通靈大會踏上這條路。對她來說，事情發生得非常迅速。

每當靈媒談到這些公開的通靈大會時，我總是感到很驚訝。我可以想像，第一次面對一大群受苦的觀眾，應該會極其不安。然而，儘管在開始之前非常緊張，甚至會讓人無法專注，一旦站上舞台，佛蘿倫絲（和其他靈媒一樣）告訴我，她就像進入另一邊世界。再也看不到觀眾或其他人，而完全被某種力量引導。

坐在一張桌子前，桌上擺著在場的家屬和親友帶來已故親人的照片，佛蘿倫絲感覺自己進入一片迷霧，一種朦朧的霧氣之中。有**某種東西**籠罩著她，此時，她下意識地拿起一張照片，她的感知隨即就打開。開始聽到聲音，有些人跟她說話，描述他們的生活細節、死亡的情況、名字或有時僅僅是名字的第一個字母，以及日期等等。在這種狀態下，無論她是在一個人或五百個人面前，都沒有差別。她連結到另一個現實，完全不再是她自己，站在一個大螢幕前，看起來像在瀕死經驗中看到她自己的人生片段的螢幕。彷彿在她腦海中，影像、聲音和感覺在一場井然有序、宏偉的芭蕾舞裡流動著。一切都在流動、來來去去。這是一種互動的空間，在這裡她能看到亡者顯現的能量，並展現很多小細節給她看。然後到了某個時候，能量開始消散，佛蘿倫絲意識到自己的心靈回到主導地位，這是她需要停止的信號。

為了進入這種狀態，佛蘿倫絲並不是真的在冥想，而是透過與她的指導靈建立連結，向祂「**請求允許**」。事實上，正是這位指導靈教導她一些簡短的咒語——幾行文字，在這種情況下，她需要誦念這些咒語來開啟靈性管道。如今，她已將它們熟記於心，這些咒語對她而言已經成為自然而然的反應。

佛蘿倫絲提到三種通靈類型。她所採用的稱為「半意識通靈」（médiumnité semi-consciente），類似純粹的預知能力；以及「無意識通靈」（médiumnité mécanique），對應於**靈魂附身**。在最後一種類型，靈媒在通靈結束後，什麼都不會記得。在恍惚狀態中，亡者靈魂**進入**靈媒身體的影響，靈媒的臉可能會變化。據說這種類型的通靈是危險的，世界上只有極少數靈媒會這樣做。在佛蘿倫絲所採用的半意識通靈，她能夠同時與前來諮詢的人交談，並與亡者交流，她這時只會看到亡者。最後一種通靈類型則運用預知能力，透過稍縱即逝的影像和靜態的直覺，這與連結亡者有非常明顯的差別，這是所有我詢問過靈媒的一致說法。

個別通靈的過程——就像今天的測試——與公開通靈類似。佛蘿倫絲會拿起亡者的照片，向指導靈請求允許，然後將照片翻面放下。從建立連結的那一刻起，她幾乎不再需要依靠照片。接著，照片中亡者的靈魂能量可能會現身，或者是其他靈體到來，但無論如何，佛蘿倫絲確信她的指導靈會進行篩選。祂不僅保護她，還會保護她的個案，避免受到不必要的干擾。

她的感受與公開通靈是一樣的。她感覺到**被籠罩**，就像被一種巨大的斗篷遮蔽。她很舒服，很溫暖，並接收訊息。在完全進入接收狀態時，她幾乎看不到前來諮詢的人。但只要個案對她說話，就會使她回到**人間**，而後要重新連結就變得比較困難。一般來說，她比較希望在諮詢的第一階段讓她盡情地說，並要求個案將可能的問題記下來，留到第二階段再提問。

佛蘿倫絲是如何學會信任自己的感知？她告訴我，她感到訊息是從「內心深處」接收到的。她知道自己何時處於穩定和平衡的狀態，並能從內心分辨所感知到的是真實的。當這種內在平衡的感覺逐漸消退時，她會選擇結束這次的通靈療程。同樣地，透過觀察她所謂的「想像力的沉重感」，她學會區分自己的感知與想像力。相較之下，感知讓她進入一種一切都很流暢的狀態。訊息、名字和日期都如此清晰地浮現在她眼前。她會用輕鬆的語氣大聲地說出在腦中螢幕所播放的內容，一切都自然自然地湧現。而相反地，想像力卻需要努力；會卡住、會猶豫。簡而言之，這實在大不相同。

在最近一次公開通靈時，一個過世的小男孩出現，並對佛蘿倫絲說「諾亞」(Noah)。她詢問現場觀眾，諾亞是否讓某人聯想到什麼，有兩位小兒科護士舉手，並說她們剛剛照顧過一個叫諾姆（Noam）的小男孩，他因腦瘤在醫院過世。這個男孩補充說，他來是為了告訴一個名字裡有字母A的小女孩，他在等她。兩位護士在震驚的觀眾面前透露，在她們的病房裡有一個叫安珀（Ambre）的小女孩正處於瀕死狀態。佛蘿倫絲以如此清晰的方式感知到了這個男孩以及他所說的話，一切都是自然而然浮現的。正如我們所見，這種訊息毫無預兆地湧現、純粹而直覺，往往是靈媒處於真正感知狀態的一種跡象。

回到佛蘿倫絲的說法——她提到她的指導靈會篩選來自另一邊世界的訊息。對我而言，這位指導靈在她生命中的強烈存在感，實在令人印象深刻。那麼，指導靈到底是誰？祂們來自何方？如果我們每個人都有自己的指導靈，又該如何與祂們建立連結？就佛蘿倫絲而言，她發現自己早在前世便已認識這位指導靈。而對於其他人來說，指導靈可能是從未經歷過人間輪迴的存有，更接近一種純粹的非物質能量。與佛蘿倫絲的這場對話，讓我深刻記住了一點：我們並不孤單，我們從來都不曾孤單。每個人自童年起便有一位指導靈陪伴在側，並會在我們離世後於另一邊世界迎接我們。

對於大多數人而言，指導靈的存在往往是以一種內斂、微妙的方式顯現——透過那股我們稱為「直覺」的內在聲音。而是否知曉指導靈的名字，並非是與祂建立連結的必要條件。佛蘿倫絲告訴我，最重要的，是學會傾聽自己。

當我問她該如何學習時，她建議一個簡單的練習，例如當我們需要做一個決定時可以試試。晚上就寢時，即使我們不知道自己的指導靈是誰，也可以請祂在夜裡回答我們的問題。第二天早晨，答案會在那裡，浮現在我們內心的感受。但我們的心智會馬上啟動並接著管控。因此，我們需要留意這種微妙且脆弱的感覺，尤其是還躺在床上、還閉著眼睛、剛醒來恢復意識時。就在夢境尚未消退並從我們記憶中消失的那一刻，就在那裡，就在那一瞬間答案會輕輕悄悄地傳送給我們。

接著，我們情不自禁地重新掌控局面。這是我們的心智和自由意志，但直覺，也就是這位指導靈的聲音，必須在醒來前介於睡眠與清醒的脆弱空隙中捕捉這個聲音。

通往隱形世界的大門，比我們想像中的還要多。

撰寫這本書的過程中，我內心浮現一些東西。我確信，即使我本身無法聽到祂，我父親依然可以對我說話。已經有好一段時間了，我覺得有一天可能可以察覺來自隱形世界的跡象。事實上，這種感覺已經開始……

如果需要最後一次確認，來證明我這幾個月與這些靈媒的經歷是真實的，那麼佛蘿倫絲會給我這個答案。這個測試，她確實毫不費力地過關。但這是在她提出一些神祕的觀點之後。

「他母親來接他了。一位有著美麗雙眸的女性……你家裡沒有一個過世的嬰兒？」

「過世？沒有。」

「那這個小傢伙是誰？這裡有一個非常小的孩子……他沒有一個過世的兄弟嗎？」

「告訴我妳看到什麼……」

「我看到一個非常小的孩子。一歲或一歲半。他牽著他的手，就像是他自己的一部分，像是家人一樣。那麼，有沒有一個嬰兒或小孩子離世？是他的兄弟嗎？『意外』，我聽到：『意外。』這個小孩溺水嗎？我想是個小男孩……」

「這個孩子和他有什麼關係？」

「家人。叔叔或兄弟，但還很小……」

佛蘿倫絲看到我父親牽著一個小孩的手，就像牽著一個小兄弟。這個孩子死於一場意外或溺水。之前皮耶和克莉絲黛兒已提過，所以這已是第三次提到這個神祕的兄弟，這實在令人深感困惑。然而，我無法獲得更多關於他的資訊，因此我決定慢慢引導佛蘿倫絲朝我們感興趣的目標前進。

「我想問他一些問題。請他試著告訴我一些關於他生命末期的細節，以及隨後發生的事情……」

「他畫了一個大寫C，一個名字的開頭是大寫C，這個人在他過世時似乎為他做了一些事，他說：『你得走了。』」

我母親叫克勞德，但我沒有告訴佛蘿倫絲。

「當他過世時，有人通知你嗎？因為我聽到：『他一定要來。』……他去世時你在場嗎，還是因為他剛過世，人家叫你過去？」
「沒有，我當時在場。」
「你在場……那為什麼說：『他一定要來』？」
「我當時已經在那裡。」
「但有人打電話叫你過去嗎？」
「沒有。」
「那是怎麼回事？因為我聽到：『他一定要來』。我只是告訴你我聽到的，可能不是那一天的事。『他必須來，他必須在場。』他為什麼要告訴我這些？我真的不知道。」
令人驚訝的是，即使我否認，佛蘿倫絲仍然堅持著。一般來說，這意味著往生者本人在堅持。既然我父親知道我在場，這會不會是指我弟弟和母親？是不是應該理解成：複數，「他們必須來」？當我獨自和他在一起，而他的呼吸明顯減弱時，我打電話給母親，並通知西蒙。他是不是害怕在他們沒到場的情況下過世？
「他在顫抖，害怕，但最終他放手了。之後，一切進展得非常快，就像是一種解脫。他過世之後，你對他說：『給我一些消息，給我一個信號。』他聽到你說類似這樣的話……他內心非常疲累。他感到痛苦，而且我總有一種什麼東西在打轉的感覺，就像他在生命最後階段失去平衡一樣。」

「他的腿很無力，精神狀態確實有點混亂。」

「他應該是個很好的人，我感受到一種溫和的能量，但卻常被誤解，因他不善於表達自己的情感。即使是對我，他自己會解釋，但他的表達方式有些笨拙，我很難清楚地轉譯。」

這一切都非常準確，但我一直關注佛蘿倫絲那句話，即我父親提到我請求他給我一些消息。這會不會就是他所提到的測試？我要加快進度，直接向佛蘿倫絲提出問題。我感覺得出來，越來越接近答案了。

「我在他的棺木裡放了一些東西，我想請他透過靈媒向我提供相關的細節，這就是挑戰。」

「這可真是讓人壓力山大啊！……」

「別這麼想啦……」

「他從今天早上就在這裡了。正在適應死後的新生命，因為他以前不太相信這些。對我們正在做的事情他有點放不開，但他告訴我：『隨著我的進步，我逐漸明白這些事情，你幫助了我。』我看到像鉛筆的東西，你有放鉛筆嗎？在他的棺木裡我看到一個細長形的東西，那是什麼？是鉛筆嗎？」

「妳就告訴我他說了什麼。」

「看起來像鉛筆或畫筆，我不確定是不是這個。」

我沒有回答，但我認可佛蘿倫絲的描述。儘管她的內心有些忐忑，她依然擁有清晰的頭腦，讓她從亡者那裡接收非常準確和具體的細節。這是無可爭議的：一支細長的畫筆，正是我放入棺木的四樣物件之一。不是大的、方的或粗的，而是一支又長又細的畫筆。我感到無比震撼。但我不想在佛蘿倫絲面前流露任何情緒，也沒有回應她剛才說的話。她繼續說。

「好喔……然後我看到一張紙條，一張小字條：『給我父親』、『獻給我父親』，或是：『給我爸爸』，他隨身帶著這樣東西……」

你們記得，和那四樣物件一起，我放了一張字條在信封裡，上面寫著我愛他……

「他說他放下過去的惡魔，你明白嗎？他會哭，因為他很敏感，但接著又會像瘋了一樣大笑。他過世時很痛苦，感到害怕……你父親以前畫畫嗎？」

「會。」

「他會畫海景嗎？」

「不會。」

「我聽到數字十五……六，十六，他是哪一天過世的？」

「十六號。」

「啊，好……好吧……這感覺像他在我面前輕輕推動某樣東西。我試著看清楚，可能是一把刀，這很奇怪……不是一支畫筆，我剛剛看到的是畫筆，不，這次比較小，他是不是有一把屬於自己的刀？」

「是的。」

他甚至有好幾把，隨時放在手邊。但我沒有說這件物品並沒有被放入棺木。

「好吧……保羅，是誰？」

「我不知道。」

「尚－保羅或保羅？」

「跟什麼有關？」

「一位他重逢的朋友……」

我不明白自己為什麼在這時候回答我不知道。保羅是我父親的舅舅，已過世，他最後在第一次世界大戰期間「**失蹤**」了，他之前已透過兩位靈媒顯現過。現在他再次出現，但可能是我太專注於測試，並且佛蘿倫絲剛剛成功完成部分的測試，因此我忽略了保羅。她只是感覺他和我父親很親近。她提到一位朋友，但她這個連結可能非常微妙，而我沒有任何反應，佛蘿倫絲就繼續回到我父親身上。

「他會戴圍巾嗎？」

「會，他很喜歡。」

「我看到他調整圍巾以免喉嚨不舒服……」

在棺木裡，母親堅持要我們在他的脖子上圍一條圍巾。因為佛蘿倫絲的成功讓我安心，我決定繼續這次的通靈交流，希望父親能告訴她其他物件，同時我也會詢問她一些關於父親的問題。

「他知道自己過世了嗎？他曾經有懷疑的時候？」

「沒有，他知道自己過世了……但他仍在成長。他再度見到一些人……」

「但關於我的問題，現在妳和他還有連結嗎？他在場嗎？」

「他在。」

「如果妳問他問題，能得到答案嗎？」

「我不知道，得看情況，你問吧。」

「如果他就在妳面前，為什麼不直接問他：『尚－皮耶，請告訴我，史岱芬在棺木裡放什麼東西？』」

「這可能會是個大敗筆，因為我沒有看到什麼具體的東西。你放一幅畫？一張圖畫？他給我看一張圖畫，好像他正在畫畫一樣。就好像他拿起那支傳說中的畫筆，開始畫畫……這有點奇怪，我看到的畫面是……他拿著一幅畫，然後在上面作畫……你放了一些和繪畫相關的東西進去，這不可能啊，這就是你放的東西嗎？」

我什麼都沒回答，但注意到佛蘿倫絲現在對畫筆的存在已確信無疑。這太厲害了。

「一些顏料？對，沒錯！」她繼續說，「其實正是因為你的關係，他才重拾畫筆……重新作畫……」

「這些是他傳給妳的畫面嗎？」

「是的，是他傳來正在畫畫的畫面。我推測，如果他讓我看到這樣的畫面，那是因為棺木裡有一些東西讓他可以這麼做。所以是畫筆和顏料。後來他應該在另一邊世界找到了畫布……」

這實在太不可思議了。我感到震驚，因為這幾乎來得「**如此輕而易舉**」。畫筆、顏料條……

「所以他沒有對妳說一個具體的詞嗎？」

「沒有。」

「他只是傳給妳一些畫面？」

「是的。」

「妳還看到其他畫面嗎？」

「然後……我看到……你要求我的這件事很難。感覺就像我是他，你明白嗎？」

「明白。」

「我站在他的角度，看著他作畫。還看到山谷上方微微突起像一面小矮牆，看到樹木，甚至不知道我在哪裡。透過他的眼睛我看到這片景色，就像我是他一樣。不知道這是不是他喜歡的一個地方。他以前在鄉下住在一個類似的地方嗎？有一面小矮牆、在低窪處，前面有樹。這地方很美，很安靜。他讓我置身其中。」

「嗯，你的描述非常像他特別喜愛的一個地方，那就是他在鄉村的住所。有一個稍微高起來的陽台，還有一面往下延伸的小矮牆。」

父親去世前幾週，我拍的最後幾張照片之一，就是他坐在那個地方。他的目光注視著延伸到地平線的樹梢。他坐在藤椅上，坐在靠近這個碎石鋪的陽台末端，這裡有一個我們倆三十多年前一起砌成的小平台。這幅畫面，真的是他的樣子。他想在這個地方安然離世……

「他只是把我帶到那裡，什麼也沒說。」佛蘿倫絲告訴我。

「我希望妳能以最精確的方式描述妳的感知。」

「他對我說，『在屬於我的地方，我又變回我自己。從我所在的地方，我可以看到無邊無際的世界，也能看到你們。以前我從未想過會有這種可能性。我並不著急，但我知道我會再見到你，與你聊天。』你在夢裡見過他嗎？」

「有，偶爾見到。正是如此，在三、四個令人印象深刻的夢境中，他都顯得有些沉默而且迷茫。」

「他正在重新扎根。當我告訴你他正處於成長和變化的過程中，或許就不應該問他太多問題，最好讓他說自己想說的話。一年半的時間不算長，他正處於上升期，正在理解自己的死亡。他在路上。他是一位善良的人，是一個美好的靈魂……他現在在那裡很好，過得更好。內心不再痛苦。我感覺他在世時是一個內心備受折磨的人，總是感到不自在，無法如願表達自己的想法，與周遭的人有關係的課題……而現在他在那裡，我感到他很平靜，周圍都是人，有很多人在他身邊，他一點都不孤單。」

不，他並不孤單。而我們也不孤單。我們從來都不孤單。

結語

我之前說過寫這本書改變了我的人生。對於與亡者交流，我可能有蠻天真的想法，有些疑問，也有很多先入為主的看法。寫這本書，做這些測試，並花很多時間與這些靈媒男女深入討論，讓我可以進入他們的生活和他們感知到的私密事物，不僅讓我更了解，也讓我自己感受到進入隱形世界這件事在理性上是可能發生的。

除了測試的正向結論和無可爭議的結果之外，關於生、死、父親的性格，以及提到家族中已故親友的相似訊息，每位靈媒都一貫提出這麼多相同的細節，大體上證實了我父親在測試會談中始終在場。這六位靈媒都描述著同一個人，因為這個人依然存在。這六位靈媒與我父親都有交流。

我父親，就像我們所愛而離開我們的人一樣，仍在「**他方**」繼續活著。真實的世界比我們想像的還廣闊。死亡並不存在，愛的連結持續著並一直都在。

我們永遠相連。

不知道你們怎麼想，但這讓我充滿了能量。

死亡、哀悼歷程與通靈

與克里斯多夫·富黑醫師（le Dr Christophe Fauré）的實務訪談

克里斯多夫·富黑醫師是精神科醫生，專精於臨終患者及其親友的陪伴支持。如今死亡已變成了禁忌，在失去親友後，人們不再透過外在行為表達喪親之痛。我們默默活在悲傷裡，總以為自己夠堅強，可以獨自走出困境。然而，很多時候我們只是對這些經歷作用於內心的心理機制一無所知。

失去至親是一種創傷，是一種會影響整個人生的傷痛。然而，承認這一點並不總是那麼容易。如何在日常生活中處理對他們的思念？如何走出病態的喪親之痛？如何打破這種對連結的依賴——例如每天都去墓地、不停地諮詢靈媒等等——這些行為可能會阻礙哀悼歷程？相信靈魂不滅對哀悼歷程有重要幫助嗎？是否應該諮詢靈媒？這些就是我們將與這位知名的精神科醫師探討的問題。

因為除了我與這六位靈媒所經歷的超自然事件外，即使現在我身上每一個細胞都感受到死亡並非生命的終點，但它仍是一種殘酷的分離。這是一個無與倫比的強烈時刻，迫使我們與過世的人建立一種新的關係。往生的人並未真正死去，但也不再以我們熟悉的方式存在。即使相信意識的延續，這種信念也無法免除因失去至親而帶來的悲傷與痛苦。靈媒可否取代哀悼歷程？或協助？或使它變得更複雜？我在這本書的訪談中加入我們兩人先前討論的摘錄，那篇對談已發表在《未解之謎》（Inexploré）雜誌[1]。

*

艾力克斯：是什麼促使你專注於臨終關懷的陪伴工作？

富黑醫師：在一九八〇年代，我就讀內克爾（Necker）學院，當時在巴黎郊區的不同醫院做外部實習，其中包括巴斯德研究院（l'Institut Pasteur），那時它有一個傳染病科的臨床部門。剛好那時正值愛滋病疫情之初，當時還沒有齊多夫定（AZT），也沒有任何治療方法，感染的人幾乎都會死亡。其中許多人都很年輕，我親身感受到巨大衝擊。這是一種直接而立即的經驗。在隨後的十年間，我自願參加抗愛滋病協會（AIDES），同時完成了精神病學的住院醫師訓練。但我的興趣早已傾向於心理學、重症和臨終之間的交互關係。我也覺得自己深受這些死亡事件的影響，而我需要更多的支持力量。因此，我去了位於維勒瑞夫（Villejuif）的保羅－布魯斯（Paul-Brousse）的緩和療護單位，並找到蜜雪兒・薩拉馬涅（Michèle Salamagne），她是法國緩和療護領域的先驅之一。她熱情地接待我，並給我許多鼓勵。漸漸的，我成了團隊中的一名照護人員。隨後，我們成立了第一個為哀悼者設立的支持性談話小組。

艾力克斯：如何定義你所發展的臨終階段的精神醫學方法？

富黑醫師：首先，我們嘗試辨別那些與個人身體狀況相關的精神科表現。我們會依據患者的病症和所接受的治療，來檢視精神層面的表現是否與心理活動相關，還是屬於醫療問題。

我們的方法的第二個重點是：某些原本完全沒有精神病史的人，可能會因為內心經歷的巨大變化而出現恐慌發作和混亂症候群，這些變化源於他們不得不面對自身的有限性，

1《未解之謎》（Inexploré）雜誌，第十四期，二〇一二年春季刊。

以及對生活中的事物失去掌控。這些人在心理上崩潰，進入我們所說的「精神混亂」狀態。他們會完全失去方向感，認不出自己的親友，也分不清晝與夜。這對患者及其親友來說，都是極度讓人焦慮的。伊麗莎白・庫伯勒－羅絲（Elisabeth Kübler-Ross）詳細描述過這種生命末期的憂鬱情緒。然而，有些重度憂鬱症會徹底喪失與親友建立關係的能力。這已經不再是臨終階段常見的一般憂鬱經歷，而是一種臨床的憂鬱症。於是我們會嘗試結合醫療和心理的方法來幫助患者。

艾力克斯：有時你會感覺到瀕死的人在清醒和恍惚之間交替變換嗎？

富黑醫師：我完全贊同緩和療護的概念，即使一個人在嚥下最後一口氣前，始終是存在的——即使他幾乎無法呼吸，或即使他只剩幾分鐘的生命，或即使他已昏迷了好幾天。在緩和療護的護理人員進到一位昏迷者的病房時，仍然會打招呼說聲你好，雖然理論上與這個人已不會有任何互動關係。照護人員在觸碰病人的手臂之前，會先知會病人，遵循「總是先說明自己要做什麼，然後再做」的原則，這樣做是為了讓病人不會感到害怕。這是巴黎珍妮－卡尼爾（Jeanne-Garnier）醫院的法比安・楚達塞特（Fabienne Chudacet）醫師教我的。她說：「太太，我現在要碰妳的頭，因為要檢查妳的頸部狀況。」說完後才觸碰病人的頭：「我要碰妳的手。」然後才握住病人的手：「我現在要為幫妳換敷料。」以此類推。有這樣一個假設：即使超越我所能看到的表象，即便病人沒有反應，但我知道這個人還在，依然活著。

艾力克斯：這個假設的依據是什麼？

富黑醫師：依據研究一些曾經陷入重度昏迷但後來甦醒的人。他們談到自己在昏迷期間的感受，這讓他們能夠清楚地區分機械式的觸碰和充滿愛的觸碰，捕捉周遭的氛圍，並感受到無法回應他們聽到對話時的挫折感，等等。基於這些發現，針對昏迷者或意識受損者，我們調整了一些照護方法。

艾力克斯：你是否目睹過在死亡時刻發生的特殊現象？

富黑醫師：有個經歷真的讓我印象深刻。我正在與一位臨終的女士交談，她雖然疲憊，但思路非常清晰。我坐在她的床邊，而她坐在我面前。她告訴我她很擔心親友，那是一段相當稀鬆平常的對話。在談話結束時，她對我說：「請問，你覺得我神智清醒嗎？——

清醒。——我沒瘋，對吧？——沒有，完全沒瘋！——那麼，我必須告訴你：我看到我丈夫，他就在床的那一頭。」然後她用手指向那個方向。我回頭看了看，然後回答她：「好的，但我沒有看到。」在這種情況下，明確地表達自己的立場非常重要：建議不要迎合那些與我們自己的現實不符的事物。但由於我們這家療養院對於這類經歷已經習以為常，我便問她：「妳感覺他怎樣呢？他有跟妳說話嗎？他說了什麼？——有點模糊，他沒有說話，就只是站在那裡，好像在等我。——這會讓妳感到擔心嗎？——不，不，完全不擔心！」她非常平靜，只是想告訴我有這樣一個存在出現在那裡。她在兩三天後就去世了。

艾力克斯：這類的事件常常發生嗎？

富黑醫師：常常發生而且很典型，因為那是一位很清醒的人。當時我正與她交談，完全沒有任何醫學上所謂精神錯亂的跡象。我們確實觀察到許多令人困惑的現象。例如，有一位護理人員告訴我這樣一件事：一具遺體被送往太平間，他不久回返時，感覺有一種光暈般的煙霧在遺體的周圍散開……總之，這是一種觀察：人們在臨終的情境下，經常講述一些事情，總是提到已故的親友以某種方式與他們聯繫。這些經歷幾乎都帶著某種形式的平靜和確信：「有人來接我了。」然而，依據我的經驗，並非大多數人都經歷過這些現象——或許很多人經歷過卻從未談起，或者相反，他們對這類接觸已習以為常，甚至不認為這是一件超自然的事情。我不知道這究竟是怎麼回事，但有一點是肯定的：這些現象一再地被描述。

艾力克斯：即使有像你這樣每天接觸這類現象的人提供見證，為什麼我們卻仍然否認這些經歷呢？

富黑醫師：我們所處的社會對非理性事物並沒有好評。所有想要在自己的正常行為中尋求安心的人，會急於聲稱自己是多麼的「理性主義」！彷彿高度理性就是心理健康的全部。因此，如果我們非常強調理性，那麼一切無法找到理性解釋的事物，就會被認定為可疑的、主觀詮釋的、既不可靠也不值得重視。由於我們身處一個有既定程序來照顧患者的醫療環境中，或許會有一種恐懼，即害怕自己被貼上「不專業」的標籤，害怕因為提到這些事而讓自己失去聲譽。害怕被視為荒謬或被質疑工作品質的風險，會引發一些恐懼，而這些恐懼有時是合理的。還有另一種風險是，某人對靈性相關現象非常投入，可能會以傳教士的方式對臨終患者發表言論，將自己的觀點強加於那些完全不想聽這些內容的人。

艾力克斯：有什麼建議可以給陪伴臨終者的人呢？

富黑醫師：在我年輕時，還有一個讓人印象深刻的經歷，我在一本書裡講過這個故事[2]。在薩爾佩提耶（Salpêtrière）醫院的一個秋天晚上，有一個年輕男孩在病房裡奄奄一息，已經失去意識。在患者及其家屬的專屬休息室裡，他的家人正坐著等待。他們不敢進去，害怕、不知道該做什麼。我走近那個男孩的姊姊身邊，我們開始聊天。我問她，如果現在她弟弟還清醒的話，她最想對他說什麼？於是，她談起自己的痛苦、遺憾、對弟弟的愛以及欽佩他在生病期間所展現的勇氣。我問她：「為什麼不現在就對他說呢？」她驚訝地看著我，幾乎對我提出這樣的建議而感到震驚。我跟她說明這些話語的重要性。她的父母總是沉默不語，靜靜地聽著。最後，她站起來，走進了弟弟的病房。她坐在他旁邊，開始在他的耳邊輕聲說話。她只有一次抬頭看我，問道：「你確定他聽得到我嗎？」我回答她，我不知道但我相信這麼做很重要。過了一會兒，母親也進去，接替女兒的位置，最後一次跟她兒子說話，接著輪到父親和其他兄弟。最後，全家都進了病房。他們從休息室拿椅子過來，整晚守在親人身旁。他們似乎因為能夠對他說話而感到安慰。他在清晨離世。

所有在緩和療護工作的照護人員都建議，即使面對「失去意識」的人，即使在他們臨終之際，也要說出這些充滿愛、寬恕和感激的話……因為如果之前無法說出這些話，而現在有機會，能陪伴臨終者確實是一種機會（不同於意外、突如其來的死亡，在那樣的情況下，人們往往來不及說出想說的話）。我深信，即使人在失去意識的狀態下，仍然能聽見。我甚至深信，即使是在一個人生命即將結束的最後一刻，持續對他說話也是很重要的。

艾力克斯：你還有其他例子來支持這種信念嗎？

富黑醫師：有多少次我們聽說有人陷入昏迷，本來應該去世，卻遲遲沒有離世！照護人員納悶想著：「是什麼拖住他？有什麼事還沒解決嗎？這個人是在等誰呢？」我清楚地記得一位臨終的太太，她兒子當時在澳洲。他告訴她自己很快就會回來，但遇到一些出其不意的事情，飛機問題，因而遲了二十四個小時。當他走進病房時，他立刻說：「媽媽，我來了。現在妳可以走了，一切都會順利的，我安全無虞，不用擔心，如果妳想離開，可以安心地走。」十五分鐘後，她就去世了。這並不是個別的案例：有上百個故事講述人們在等待一句話，或等待某位親友出現，而他們還留在人世，好像是擔心自己的離去對配偶或孩子來說是無法接受的事實。有多少次我們聽到先生或太太說出一句釋放的話：「你可

2《日復一日活在哀悼裡》（Vivre le deuil au jour le jour），克里斯多夫．富黑（Christophe Fauré），Albin Michel 出版社，於二〇一二年出版。

以走了，我和孩子會走出來，我們會繼續愛著你，但如果你想的話，現在真的可以離開。」而這些人在一個小時內，有時甚至在幾分鐘內就離世了。

知道這一點，並能夠將自己所說的話記在心中，是非常重要的。在我陪伴的那些哀悼者當中，那些能夠說出這類話語的人都感到安慰。這就像是他們讓步而接受摯愛的離去，而不是讓死亡強行將摯愛從身邊奪走，而這兩種狀況是非常不同的。因此，能夠在場確實非常重要。但如果無法在場，該怎麼辦呢？先假設自己可能無法在親友臨終時在場，建議人們在臨終前說出自己想說的一切。當然，能夠在場並能說自己陪伴對方直到最後是令人期望的，但有時這是不可能做到的。我的建議是：說出重要的事情，不要拖到以後，因為以後可能就太遲了。

艾力克斯：那麼，你建議在經歷喪親之痛時去找靈媒，或不建議？

富黑醫師：首先，讓我們說清楚，我從不建議病人去找靈媒。不過，我注意到失去親友的人有時會表現出需要去找聲稱可以與彼岸溝通的人。原因各有不同，有些人純粹是出於好奇，心想：「我不相信，但我想試試看。」有些人則堅信死後有來生，他們想知道亡者過得好不好，是否還在他們身邊，對他們有沒有怨言，或已經原諒某些讓他們感到內疚的事。這些病人——當然，他們通常在事後才坦承去見了靈媒！——告訴我，他們的諮詢體驗要麼讓他們感到安心或平靜，要麼沒帶來任何幫助，但在當時，他們都覺得有這個需求。無論如何，即使有些人可以從中找到某種形式的慰藉，這絕對不會，怎麼也無法（我在這裡特別強調）縮短哀悼歷程，因為這個過程有它自身的規律節奏。這個過程是一種心理傷痛需要時間來癒合。而要達成這個目標，必須經過不同的階段。這不僅僅是為了緩解他的痛苦，還需要學會與因親友離去而產生的孤獨共處，像是重建社交關係的困難，日常生活中缺乏分享以及缺少共同目標的感覺。

當我的病人在找靈媒前來詢問我，做這件事對他們有沒有幫助，我會回答我不知道，只有他們自己能判斷這是否對他們有益。我會請他們表達自己的動機：「為什麼要去找靈媒？你期望從中得到什麼？如果有連結，這對你會產生什麼影響？」我會深入了解他們的追求以及對找靈媒這個提議的期望。與其建議去或不去找靈媒，我只是詢問哀悼者的內心願望，讓他們自己意識到這個願望是否有其依據，或者相反，他們在期待一些無法實現的事情。

艾力克斯：去找靈媒，就是去見一位聲稱可以與亡者交流的人。懷疑態度是否應該始終成為諮詢的一部分呢？

富黑醫師：在我的經驗中，即使不是所有人都會坦承他們找過靈媒，除了那些成癮的案例不談，我觀察到總是有一種保護性的懷疑態度。是的，懷疑是有益的，它能幫助人們不要盲目地相信所聽到的內容。人們經常會懷疑自己是否暗示了某些答案，或有一些心靈感應或讀心術的情況，在面對一種歸根結底非常主觀的言論時，這種懷疑是一種心理上的保護機制。

若進一步探討細節的話，哀悼歷程有一個重要的功能，就是原本與亡者外在、客觀的關係，轉變為**內化的**關係。「內化」(introjecté)是指亡者的存在感轉變為一種內心的感受。當靈媒在通靈中提到亡者的意識仍然存在於外在世界時，對某些人來說，這會強化他們感受亡者依然陪伴在身邊的感覺。但這種存在感是人為的。請注意，我並不評斷死後是否有來生，這不是這裡要討論的問題。但客觀來說，亡者已不再每天與我們同在，但透過反復諮詢靈媒來維持他們的存在感，在某種程度上算是沒有接受他們死亡的現實。而這種機制與內化背道而馳，因為內化是哀悼歷程裡自然流動的機制。

我重申，這與亡者可能繼續活在他方的事實並不矛盾，相反的，甚至是相容的。但這種假設的存在，可能會妨礙與亡者建立新的內在關係之機制，而這是哀悼歷程的其中一個目標。無論在靈媒諮詢中發生什麼事，亡者是否還活在**某個地方**並不重要，因為他已不再處於客觀的外在關係。我們再也看不到他，碰不到他，這種關係已變得主觀。若哀悼者藉由靈媒轉達的話，繼續認為其實什麼都沒有改變，亡者「**依然像以前那樣存在**」，可以隨時探望，就像去看看鄰居或祖母一樣，那麼這對他長期而言並沒有幫助。因此，向靈媒諮詢既可能幫助他走過哀悼歷程，也可能妨礙這個過程，這真的取決於人們對通靈的期望。如果這種經驗能讓哀悼者接受意識延續的可能性，並因而感到慰藉，那麼這就是有益的：「我們並沒有永遠分離，但我有我的路要走，尤其是我的哀悼之路。」這並不矛盾。

哀悼是一種情感歷程，而我從未聽過有人告訴我，去找靈媒對他的痛苦有徹底且長久的影響。因為具體來說，那個往生的人已不在了。即使我們接受他可以繼續活在他方，但在日常生活中，我的伴侶、我的孩子或我的父母已不在身邊。就是獨自一人度假，週末也沒有他或她的陪伴。具體來說，這個往生的人已不在我的世界，而哀悼歷程正是我回應這種傷痛以及因失去摯愛所帶來的殘缺感。

有時聽到一些人驚訝地告訴我：「我去找了靈媒，我相信他告訴我的一切，但我還是很痛苦。」嗯，沒錯，這很正常。因為我知道已故親友仍活在他方，所以我就不再痛苦，若帶著這樣的想法去見靈媒，則是一種錯覺。這並不會改變每天親友不在而帶來的痛苦，也無法改變我們必須繼續過日子、重建生活、重新投入計畫的事實。這就是為什麼當病患向我表達他們想找靈媒時，我會詢問他們的期待。當他們告訴我：「如果死後還有什麼，我就不再痛苦了。」嗯，並不是這樣。即使通靈有連結成功，並讓你堅信生命是持續存在的，但某些東西已斷裂。現實中的客觀連結已被切斷，而哀悼歷程只是為了讓這個巨大的傷口癒合，否則在心理上是扛不住的。

艾力克斯：如果靈媒諮詢無法終止痛苦，那麼在哪些方面會有正向意義呢？

富黑醫師：因為靈媒諮詢可以引導我們去思考一種假設，就是人死後的意識是延續的。這暗示著分離並非永久，連結的斷裂並非不可挽回。對某些人來說，這可能是一種讓分離的痛苦更容易被接受的方式，因為當他們在自己往生後與亡者重聚時，這種痛苦就會結束。身為精神科醫師，我總是害怕在這樣的通靈結束後，人們想要加速自己的死亡，以便與親友團聚。處理這些事情總是很複雜，但我一直對這些在所謂的連結過程中傳達的訊息感到驚訝。例如，我不只一次聽到有人告訴我，在與亡者連結時，對方告訴他們：「如果你自殺，就會找不到我。」我非常喜歡聽到這些話，因為即使作為精神科醫生，我用它來勸阻人們不要尋死而是好好活下去，這樣的論點很有力，但它遠不及那些亡者的叮嚀為哀悼者帶來的力量。

然而，沒錯，相信我們以後會再相見的想法是一種信念，但我們每個人都生活在各種信念之中。有人相信自己一無是處，達不到要求，不值得被愛，而一輩子都活在這樣的信念，這在心理層面是極度危險的。有些人一生都活在自己永遠不會成功、自己很無趣的信念裡。這一切只不過是信念，但我們卻深信不疑，從未質疑，甚至以此為生。認為生命在死後仍存在也是一種信念，而我是否認同這種信念則會影響我的行為。如果我相信意識的延續，這種信念可能會促使某些人認為，他們在這個世界上的行為與行動並非毫無意義。這是巴斯卡的賭注：若死後真有某種存在，那麼最好採取那些在死後依然會延續的善行。這相當有道理。

艾力克斯：相信生命在死後仍存在（une vie après la mort）會讓我們變得更脆弱嗎？

富黑醫師：對我來說，唯一的危險就是成癮。若沒有對這種連結過度迷戀，哀悼歷程可能不會受到干擾。然而，確實有些人會去諮詢所有能找到的靈媒，並密切注意任何微小的跡象。這可能會帶來非常不良的影響。首先，因為我們會花很多精力試圖重建那些已經失去的連結。其次，因為試圖延續一段外在的關係，彷彿那個人還在世，反而會阻礙哀悼正常進行的過程。正如我之前所說，哀悼歷程應該是將這種連結內化，才能在失去親友的情況下繼續過自己的生活。與亡者頻繁的假想連結，顯然會妨礙哀悼者向前邁進並重新投入自己的人生。這樣的人已不再扎根於現實之中。此外，專業有品質的靈媒會拒絕這種頻繁的與同一個往生者連結，甚至每年最多只接受一到兩次的諮詢。我甚至會說，這是一種誠信的表現。

艾力克斯：面對靈媒，我們應抱持什麼樣的正確態度？

富黑醫師：首先，要意識到自己的心態。看清自己的現狀：滿懷巨大的期待，並清楚地了解這些期待會嚴重曲解我們從靈媒那裡聽到的內容。其次，要知道自己面對的是人類，即使他聲稱能與彼岸溝通，但他只是個篩選器。因此無論是否有連結上，這個篩選器都會出現在所說的話中。靈媒的主觀性、他的傷痛、他的信念都會呈現出來。所以我必須要小心，不要因為這個人聲稱自己被某些東西「穿越」的藉口，把透過這個人主觀接收的東西當成客觀事實。因為這並不是我自己與另一邊世界的直接連結，而只是透過另一個可能會帶入自己獨斷見解的人。

是的，要意識自己的期待、脆弱，以及相信自己會收到來自兄弟、母親或伴侶的真實訊息之渴望。要知道，自己處於失去客觀性的狀態，而透過靈媒傳達的訊息並不屬於我們一般習慣的防禦機制的領域。

艾力克斯：能不能再談談某些人與靈媒關係的成癮概念？

富黑醫師：如果與另一邊有真的連結，而來生又確實存在的話，我們可以想像那些亡者應該還有其他事情要做，而不是被哀悼者不斷地召喚打擾。這種行為一定會讓他們感到非常困擾，也會妨礙他們的個人成長。我經常舉這樣一個例子：一個孩子要到世界的另一頭讀書，而他母親卻每隔五分鐘就想打電話、發郵件或傳簡訊聯絡他。這樣一來，這個孩子就不可能平靜地生活和成長。這就是我想要傳達的意象。如果這種癡迷持續著，就需要考慮進行依附關係的心理治療。那麼這樣就有成癮的模式，如同處理任何成癮一樣，我們試圖讓當事人意識到這一點。如果他告訴你這讓他感覺舒服一點，那就像有人說喝酒讓他放鬆，但否認自己是酒鬼，並聲稱只是喝兩瓶酒來減輕焦慮一樣。要如何幫助一個人脫離他自己認為有益但實際上是有毒的關係呢？這個人處於情感層面，因此需要嘗試用語言引導他到心智和認知的層面，並讓他知道這種成癮行為對於哀悼歷程的和諧進行是有害的。即使成癮在某個層面是有幫助的，但這卻讓他困在哀悼歷程的某個階段，進程一再延遲，無法繼續前進。

艾力克斯：但對數十億的人來說，亡者存在於另一邊世界是自古以來持續了數千年的事實。那麼，哀悼歷程在於不再將已故親友視為外在的實體存在，難道不是一種武斷的世俗觀點嗎？

富黑醫師：不，這兩個觀念並不是互不相容的。我們談的是一種心理上的哀悼歷程，它能幫助我們修復已斷裂的外部客觀關係。這是透過緩慢的內化連結的過程來完成，使我們感覺自己把那個人帶入自己的內心。人們會說：「他就在我心裡」，這就是哀悼的心理歷程，它與同時存在於另一個維度更靈性的生命體並不相互排斥。哀悼歷程是一種心理機制。它幫助我們如何支撐下去。它的功能是以內在的親密連結感取代分離的經歷，從而緩解痛苦。這種內在而親密的關係，與可能存在於另一個維度的連結完全不矛盾。那種在哀悼歷程中形成的主觀情感和這種靈性連結，是屬於同一領域。

附錄　若你們想要諮詢靈媒，請務必謹慎！

任何處於哀悼中的人，若想嘗試與靈媒接觸的體驗，都應遵守一些規則，以保護自己並防止可能的欺詐行為導致更多痛苦，因為在哀悼期間的人已經很脆弱。

一、為了減少個人以靈媒身分從哀悼者的心理汲取資訊，而非真正從另一邊世界來獲得訊息的可能性，諮詢者不應提供任何有關亡者的資料，甚至包括姓名、性別、年齡，或與亡者的親屬關係。只需簡單告訴靈媒，希望獲得有關亡者的訊息即可。一個有信心的靈媒，堅信自己真的可以與死者交流，就不需要更多的資料。因為他深信亡者會與他連結，並傳遞所有有用的訊息。然而，有些靈媒可能需要一張照片來幫助他順利連結。除此之外，你不應被要求提供任何其他資訊。

二、一旦與亡者的連結看似已經建立，靈媒會說他收到某個訊息，並希望由諮詢者來澄清或證實，例如：「這是什麼意思？為什麼亡者給我看這個？」同樣的，諮詢者應盡量提供最少的資訊，例如僅僅回答明白或不明白這個訊息，而不要向靈媒透露自己辨識出的符號或線索。

三、諮詢者可以放心地只回答以下問題：依據我目前告訴你的內容，你是否覺得我已經被你想要得到訊息的人連結了？回答只需簡單地說是或否，無需進一步解釋。

因此，如果你想要找靈媒，提供的資料越少越好。在預約時，不要提供自己的姓氏。在通靈時，僅提供最少的資訊，這樣就能觀察靈媒是否在試圖解讀你以尋求蛛絲馬跡，或是提供一些適用於任何人，過於籠統的資訊。請想想靈媒只要透過觀察你、看著你帶來的亡者照片或聆聽你說話，就能做出合乎邏輯的推論，並將這些記在心裡以保持警覺，以免被假想的啟示所震懾。

請記住，喪親之痛會在各個層面改變我們對現實的感知。我們與亡者連結的需求是如此強烈，即使靈媒並不是真的靈媒，我們也寧願相信可以跟往生者溝通。請在心理層面保護自己，以有建設性的方式運用這個哀悼經歷，這可能對你有幫助。與家人或有開放心態的第三方（例如治療師、心理學家等）討論靈媒告訴你的訊息。最後，你的行動不應依賴於靈媒向你傳遞的訊息。

致謝

這本書之所以能出版，首先要感謝那些信任我的靈媒，儘管我帶給他們考驗的壓力。在此向他們獻上我深深的感激之情，感謝他們同意如此坦誠地展現自己。

若沒有我父親的參與，這本書也不可能完成，他在**他方**努力合作來協助完成。可能跟我一樣懷著一種希望，但願這些文字能為那些像父親生前一樣害怕死亡的人帶來一些安慰。

感謝其他往生者，包括路易（Louis）、莉絲（Lise）、保羅（Paul），以及那些我認識或不認識的靈體，感謝他們參與這個冒險之旅。

也謝謝我母親克勞德（Claude）和我弟弟西蒙（Simon），感謝他們允許我在書中幾頁的篇幅裡揭露我們家的一些私密細節，目的是為了更清楚地解說通靈是如何進行的。

感謝我的朋友克里斯多夫・富黑（Christophe Fauré），我非常敬佩他。懷著無比寬大的胸懷和令人敬佩的專業精神，克里斯多夫幫助許多人活出生命中大大小小的考驗，活得更好。無論是透過諮詢還是閱讀他的書，都可以感受克里斯多夫是一位真正善良的人。

感謝賽巴斯蒂安・利利（Sébastien Lilli），我在超自然經驗研究院（INREES）的長期夥伴，也是我們共同建立這個研究院的現任院長。你全權掌控這個計畫，並以高超的能力管理一切，讓我有時間完成這本書。

感謝超自然經驗研究院的所有員工、記者和志工，沒有你們，這個計畫就不可能完成。不論是那些從創始之初便參與其中的人，還是現在加入我們的夥伴，我們組成了一個非凡的大家庭，能與你們一起工作讓我感到無比自豪。

感謝阿涅絲・戴樂文（Agnès Delevingne），多年來她一直負責並推動超自然經驗研究院的心理學志工網絡。她的活力和才華讓有時經歷困難的人現在可以找到免費的支援和細心的傾聽。

同樣也要謝謝超自然經驗研究院的健康專業志工網絡中的女性、男性成員，奉獻自己無數的時間和精力。你們正在進行相當重要的開創性工作。你們的奉獻精神讓我深感欽佩。

感謝我的編輯馬克・德・斯梅特（Marc de Smedt），如此堅定相信這本書，並支持陪伴其構思完成。感受到你的信任和熱情，帶給我莫大的鼓勵。

感謝阿爾班・米歇爾出版社（Albin Michel）及其總裁法蘭西斯・艾斯梅納德（Francis Esménard），再次信任我，讓我們完成第三本合作的書。每本書對作者來說都很重要，而能感受到一家享有聲譽的出版社如此用心地支持自己的作品，真是無價之寶。

感謝瑪麗-皮耶・科斯特-比隆（Marie-Pierre Coste-Billon），自我加入阿爾班・米歇爾出版社以來，她一直以極度細心與專業的精神陪伴我。生活中的一個奇妙巧合是：瑪麗－皮耶曾是我父親在高級預科班中帶過的學生。

感謝海倫·伊巴尼恩（Hélène Ibanez），她以驚人的才華和非凡的尊重校對這份手稿，揪出我的拼寫錯誤和許多語法問題，而她的建議對這本書是不可或缺的。

若沒有我的妻子娜塔莎·卡勒斯特梅（Natacha Calestrémé），就無法成為今天的我。多年來我們共度人生，一起成長，深深的喜悅與滿足。我們倆已經有點融為一體。謝謝妳時時刻刻的耐心與善意。

感謝妳，我的女兒露娜（Luna），妳是我世界上最愛的人。或許有時你覺得父親過於投入於他的工作，但今天我要感謝妳的善良和對我的尊重。妳是我深深敬佩的女性。這本書除了寫給其他人，更是為妳而寫。

最後，衷心感謝薇諾妮克·迪米科利（Véronique Dimicoli），她在整個測試和訪談階段全程協助我。擁有專業精神、隨時待命和無與倫比的友善，薇諾妮克幫我抄錄了十幾個小時的錄音，並總是提出非常有見地的問題。妳的幫助非常重要。謝謝妳，薇諾妮克。

關於作者

想進一步了解或聯繫作者，請造訪網站：www.inrees.com

史岱芬・艾力克斯（Stéphane Allix）是超自然經驗研究院（INREES：Institut de Recherche sur les expériences extraordinaires）的創始人，該研究院以嚴謹的態度探討那些我們稱之為**超自然**的主題。在當今新知識領域不斷湧現的時代，超自然經驗研究院提供一個平台，讓人們可以討論科學與靈性，意識、生命與死亡的最新研究，並以科學和嚴謹的方式拉近可見世界與隱形世界的距離。無禁忌、無偏見，以嚴謹和開放的態度進行探索。

www.inrees.com網站是目前相關死後意識最大的網際網路資訊空間，彙集了關於這些主題現有的科學參考資料、未發表的文章、影片以及所有關於超自然現象的最新動態。因為我們有可能對這些無法解釋的經歷產生興趣，同時又保有雙腳踩在人間的理性態度。

史岱芬・艾力克斯還創辦了《未解之謎》（Inexploré），這是一本迎向大眾的權威性雜誌，內容涵括心理學、靈性與科學的跨界領域。

國家圖書館出版品預行編目（CIP）資料

測試：死後生命的世界與終極驗證／史岱芬・艾力克斯（Stéphane Allix）著；蕭筌譯. -- 初版. -- 臺北市：商周出版：英屬蓋曼群島商家庭傳媒股份有限公司城邦分公司發行, 2025.05
296面；15×21公分
譯自：Le test
ISBN 978-626-390-526-9（平裝）
1. CST：通靈術　2. CST：靈魂　3. CST：死亡

296.1　　114004718

測試：死後生命的世界與終極驗證 Le Test

作　　者　史岱芬・艾力克斯（Stéphane ALLIX）
譯　　者　蕭筌
責任編輯　劉憶韶
封面設計　劉孟宗
內頁排版　藍天圖物宣字社

版　　權　吳亭儀
行銷業務　周丹蘋、周佑潔、吳藝佳、吳淑華、林詩富
總 編 輯　劉憶韶
總 經 理　彭之琬
事業群總經理　黃淑貞
發 行 人　何飛鵬
法律顧問　元禾法律事務所 王子文律師
出　　版　商周出版 台北市115南港區昆陽街16號4樓
電話：(02)25007008 傳真：(02)25007579
Email：bwp.service@cite.com.tw
發　　行　英屬蓋曼群島商家庭傳媒股份有限公司城邦分公司
台北市115南港區昆陽街16號5樓
書虫客服服務專線：02-25007718 02-25007719
24小時傳真專線：02-25001990 02-25001991
服務時間：週一至週五 9:30-12:00 13:30-17:00
劃撥帳號：19863813 戶名：書虫股份有限公司
讀者服務信箱 Email：service@readingclub.com.tw
香港發行所　城邦（香港）出版集團有限公司 香港九龍土瓜灣土瓜灣道86號順聯工業大廈6樓A室
Tel：(852) 25086231 Fax：(852) 25789337 Email：hkcite@biznetvigator.com
馬新發行所　城邦（馬新）出版集團 Cite (M) Sdn Bhd
41, Jalan Radin Anum, Bandar Baru Sri Petaling, 57000 Kuala Lumpur, Malaysia.
Tel :(603) 90578822 Fax：(603) 90576622 Email：cite@cite.com.my

印　　刷　卡樂彩色製版有限公司
總 經 銷　聯合發行股份有限公司 新北市231新店區寶橋路235巷6弄6號2樓

2025年5月2日初版
定價400元

ISBN 978-626-390-526-9